実践 スポーツマウスガード

―製作・調整と競技別サポート―

監修　大山 喬史
(東京医科歯科大学　名誉教授)

編集　上野 俊明
(東京医科歯科大学　准教授)

執筆(五十音順)

飯沼 光生，磯山永次郎，上田 順宏，大野 繁，片野 勝司
北山 吉明，木本 一成，桐田 忠昭，近藤 剛史，齊藤 整
佐々木 幸生，嶋村 政博，鈴木 浩司，隅田 陽介，関根 陽平
竹内 正敏，武田 友孝，田中 英一，月村 直樹，豊島由佳子
添島 沙夜香，田中 沙織，仲岡 佳彦，中島 一憲，西野 宏
西脇 孝彦，額賀 康之，根来 武史，長谷川 賢，花岡 一誠
林 良宣，林 万紀子，坂東 陽月，平岡 道郎，船登 雅彦
増田 一生，松田 成俊，松本 勝，森 修二，山中 拓人，矢野 顕
吉川 一志，吉田 雅司

東京医科歯科大学大学院 国際健康開発学講座 スポーツ医歯学分野

安部圭祐，石上貴之，黒川勝英，白子高大，高橋敏幸，田辺麻衣，中禮　宏
林　海里，深沢慎太郎，藤野祥子，三ツ山晃弘

監修・編集

大山喬史　　（東京医科歯科大学名誉教授）
上野俊明　　（東京医科歯科大学准教授　大学院国際健康開発学講座　スポーツ医歯学分野）

執筆 (五十音順)

飯沼光生　　（朝日大学准教授　歯学部小児歯科学）
磯山永次郎　（東京都　開業）
上田順宏　　（奈良県立医科大学　口腔外科学講座）
大野　繁　　（日本大学　歯学部歯科補綴学Ⅱ講座）
片野勝司　　（群馬県　開業）
北山吉明　　（石川県　開業／医師）
木本一成　　（神奈川歯科大学大学院准教授　口腔衛生学講座）
桐田忠昭　　（奈良県立医科大学教授　口腔外科学講座）
近藤剛史　　（大分県　開業）
齊藤　整　　（東京都　開業）
佐々木幸生　（高知県　勤務）
嶋村政博　　（神奈川県　開業）
鈴木浩司　　（日本大学講師　松戸歯学部顎口腔機能治療学講座）
隅田陽介　　（東京都　勤務）
関根陽平　　（東京都　開業）
竹内正敏　　（京都府　開業）
武田友孝　　（東京歯科大学准教授　スポーツ歯学研究室）
田中英一　　（神奈川県　開業）
月村直樹　　（日本大学准教授　歯学部歯科補綴学Ⅱ講座）
豊島由佳子，添島沙夜香，田中沙織　（国立スポーツ科学センター）
仲岡佳彦　　（京都府　開業）
中島一憲　　（東京歯科大学講師　スポーツ歯学研究室）
西野　宏　　（広島県　開業）
西脇孝彦　　（岐阜県　開業）
額賀康之　　（北海道　開業）
根来武史　　（愛知県　開業／矯正歯科）
長谷川　賢　（埼玉県　開業）
花岡一誠　　（福岡県　開業）
林　良宣　　（愛知県　開業）
林　万紀子　（愛知県　開業）
坂東陽月　　（石川県　開業）
平岡道郎　　（愛知県　開業）
船登雅彦　　（昭和大学准教授　歯学部スペシャルニーズ口腔医学）
増田一生　　（埼玉医科大学総合医療センター　歯科口腔外科）
松田成俊　　（兵庫県　開業）
松本　勝　　（明海大学准教授　歯学部スポーツ歯学分野）
森　修二　　（北海道　開業）
山中拓人　　（東京都　勤務）
矢野　顕　　（EK-Labx）
吉川一志　　（大阪歯科大学准教授　歯科保存学講座）
吉田雅司　　（今給黎総合病院部長　歯科・口腔外科）

■東京医科歯科大学大学院 国際健康開発学講座 スポーツ医歯学分野
　　安部 圭祐，石上 貴之，黒川 勝英，白子高大，高橋 敏幸，田辺 麻衣，中禮　宏
　　林　海里，深沢慎太郎，藤野 祥子，三ツ山晃弘

序

「スポーツマウスガードハンドブック」を上梓させて頂いてから，10年の歳月が流れました．その間，我が国のスポーツを取り巻く環境も大きく変わりました．なかでもスポーツ振興法が50年ぶりに見直され，スポーツ基本法に改定されましたが，第16条文に「歯学」の文言が入ったことは大きな出来事でした．スポーツ振興計画にもマウスガードの普及啓発に関する一文が盛り込まれ，日本体育協会公認スポーツデンティストの養成認定事業も開始されたところであり，にわかにスポーツ歯科が注目されています．

ご承知の通り，2017年冬季アジア大会，2019年ラグビーワールドカップ，2020年オリンピック／パラリンピックと，世界の耳目が集まる国際メジャー大会が続々と我が国で開催されることが決定しております．日本のスポーツをさらに強くするため，より高いレベルの医・歯・科学サポートの構築が求められています．

世界的にも，FDI（国際歯科連盟）がマウスガードに係る政策声明を採択したことが契機となり，一気に認知度が高まった感があります．IOC（国際オリンピック委員会）でも，アスリートの外傷・障害予防や歯の健康とパフォーマンスの関係等に注目し，マウスガードの普及にも努力しており，近年のオリンピック大会ポリクリニックではマウスガードの製作提供件数の伸びが目立つと報告しているほどです．

こうした中，節目の10年ということもあり，旧版を今一度見直し，最新の知識と技術を盛り込む方向で改訂させていただく運びとなりました．せっかくの機会なので，それに加えて，競技別のデンタルサポートも供覧していただこうと，第一線でご活躍の先生方に多数参画いただき，第5章にてその経験と知恵を余すことなく披露していただきました．また第6章では，サッカーやバスケットボール選手を中心に，最近受注が増えているフェイスガードの調製法と症例について詳述していただきました．その結果，倍以上のボリュームとなったことから，改訂版ではなく「実践スポーツマウスガード」としてリニューアル発行させていただくことになった次第です．

旧版からの編集方針である「読みやすく，わかりやすく」はそのままに，初学者からベテランまで多くの先生方のためになるテキスト作りを念頭に編纂したつもりです．スポーツ歯科のフィールドは診療室にとどまらず，学校やスポーツクラブから国民体育大会などの競技会にまで及ぶことから，コ・デンタルスタッフの協力も欠かせません．歯科衛生士や歯科技工士の方々にも本書を活用していただければ，監修・編者としてこの上ない幸せであります．

最後に，本書出版にあたり，監修・編者の趣旨をご理解いただき，多大なるご尽力をいただいた執筆陣各位ならびに医学情報社に心より感謝申し上げます．

平成26年6月

大山　喬史
上野　俊明

序
(旧版)

　この度，マウスガードの基本的要件を取りまとめ「スポーツ マウスガード ハンドブック」として上梓することができました．

　スポーツ外傷には種目特性があり，ボクシング，格闘技，アメリカンフットボール，ラグビー，ラクロスといったコンタクトスポーツ競技で，またハイスピードで動くスポーツ競技で，怪我が起こりやすいことが知られています．最近の統計資料によれば，児童，生徒，学生の間で大変人気のあるサッカー，バスケットボール，野球，ドッジボールなどのスポーツ活動中にかなりの外傷が起こっているようです．スポーツにおける安全対策は何より大切であり，歯科医の先生方にはもちろん，できればマウスガードに関心のある選手，コーチ，監督，それに教育関係者の方々にもお目通し頂ければということが編者の願いであります．

　本書では，まずスポーツマウスガードに関する基礎知識を第1章にて解説しました．第2章ではマウスガードの設計の要点，ならびにシート圧接法（ダブルラミネーション），ロストワックス法の技工について，図を多用して，具体的に解説しました．そして第3章では学童，矯正治療中，下顎前突症，正中離開，下顎骨折，歯の咬耗・磨耗，可撤性義歯使用者などの症例を取り上げ，それぞれ配慮すべき注意点にも触れました．最終の第4章ではマウスガードを装着することで，しゃべりにくい，息がしづらい，吐き気がする，顎が疲れるなど，よくみられるトラブルの解決法について言及しております．いずれの項目も読みやすく，わかりやすくを念頭にまとめ上げたつもりです．スポーツ・マウスガードの入門書として，ご活用いただきたく存じます．

　近年，健康志向の高まりとともに，スポーツを嗜好する国民も年々増加しております．われわれ歯科医も，これまでの歯科医療の枠にとどまらず，地域住民のレクリエーション，スポーツ少年団体，学校体育，スポーツクラブ，競技団体と積極的に関わり，安全の確保と健康づくりに貢献して行きたいものであります．過日，日本スポーツ歯科医学会に参加された先生から，地域のジュニアラグビーチームの世話をする傍ら，マウスガード作りを通して，子供はもちろん，父母や学校の先生方とともに，安全で楽しいスポーツ活動の推進に努めているという報告を聞きました．歯とその噛み合わせの大切さの啓発にも繋がる"すばらしき実践"と感服したのも記憶に新しいところであります．このハンドブックが歯科医療の，そして歯学教育の新しい展開に繋がることを期待いたします．

　本書を出版するにあたり，編者の趣旨をご理解いただき，多大な尽力を頂きました医学情報社に心より感謝いたします．

平成16年1月

大山　喬史

上野　俊明

目　次

1章　スポーツマウスガードの基礎　(上野俊明, TMDU) …………… 9
1. はじめに／9
2. スポーツ傷害（外傷・障害）の安全対策／10
3. マウスガード（MG）とは／11
4. MGの必要性／13
5. MGの歴史／17
6. MG装着に関するルール／19
7. MG装着推奨のスポーツ／21
8. MG装着の効果／22
9. 頭部外傷（脳震盪）とMG／24
10. MGの具備要件／26
11. MGの種類／27
12. 市販の既製MGの問題点と対応／29
13. MGの材料・材質／31

2章　カスタムメイド・マウスガードの臨床　(上野俊明, TMDU, 矢野顕) …… 37
1. 診査・診断・前処置／37
2. 印象採得／38
3. 咬合採得／38
4. 作業模型製作／39
5. 咬合器装着／39
6. MGの設計の要点／40
7. シート材圧接法（ダブル・ラミネーション）の技工／42
8. ロストワックス法の技工／52
9. 装着およびメインテナンス／56

3章　事例と症例　(下記の筆者以外は上野俊明, TMDU) …………… 61
1. ジュニア症例／61
   1) 基本的な対応と原則
   2) 混合歯列期　(飯沼光生)
   3) 永久歯列完成期
2. 外傷歯治療中の患者／64
3. 歯科矯正治療中の患者／65
   1) マルチブラケット装置症例
   2) 可撤式装置症例　(根来武史)

4．軽度の下顎前突症例／67
5．重度の下顎前突症例／68
6．正中離開症例／69
7．下顎骨骨折症例／70
8．歯の咬耗・磨耗症例／71
9．可綴性義歯使用者／72
10．トレーニング用マウスピース／73
11．スキューバダイビング用マウスピース／75

4章　トラブルシューティング　（上野俊明，TMDU）　77

1．「口を動かすとゆるんでくる，落ちてくる」／77
2．「噛みしめると歯が痛い」／77
3．「噛みしめると歯ぐきが痛い」／78
4．「しゃべりにくい」「呼吸しにくい」／78
5．「変な臭い，いやな臭いがする」「変な味，いやな味がする」／78
6．「口を閉じにくい」／79
7．「吐き気がする」／79
8．「顎がだるい，疲れる，痛い」／79
9．「破損した，変形した」／80

5章　サポート事例　83

1．ボクシング（磯山永次郎，齊藤整，TMDU）／84
2．ラグビー／85
　（1）小学生（林良宜，林万紀子）
　（2）中・高校生（額賀康之）
　（3）大学生（長谷川賢）
　コラム：関東医歯薬大学リーグからマウスガード義務化への道（月村直樹，大野繁）
　（4）社会人（武田友孝，中島一憲）
3．アメリカンフットボール（松田成俊）／90
4．アイスホッケー（上野俊明，TMDU）／91
5．インラインホッケー（船登雅彦，関根陽平）／92
6．野球／93
　（1）高校（吉田雅司）
　（2）選抜・全国高校野球大会（吉川一志）
　（3）社会人・プロ（武田友孝，中島一憲）
7．ソフトボール（鈴木浩司）／96

8．サッカー／97
　（1）ジュニア・ユース(上野俊明, TMDU)
　（2）プロ(平岡道郎)
9．バスケットボール／99
　（1）中・高校生(西野宏)
　（2）プロ(近藤剛史, 上野俊明, TMDU)
10．ハンドボール(木本一成)／101
11．空手道(鈴木浩司)／102
12．柔道(花岡一誠)／103
13．相撲(鈴木浩司)／104
14．レスリング(上野俊明, JISS)／105
15．総合格闘技(田中英一)／106
16．ブラジリアン柔術(上野俊明, TMDU)／107
17．ホッケー(上野俊明, TMDU)／108
18．水球(竹内正敏)／109
19．ウインタースポーツ／110
　（1）スキー・スノーボード(上野俊明, JISS)
　（2）フリースタイル(片野勝司, 武田友孝)
　（3）スケート(武田友孝, 中島一憲)
　（4）リュージュ(森 修二)
　（5）スケルトン(坂東陽月)
20．テニス(上野俊明, TMDU)／115
21．バドミントン(坂東陽月, 北山吉明)／116
22．トランポリン(坂東陽月)／117
23．ゴルフ(松本勝)／118
24．ラクロス(竹内正敏)／119
25．モータースポーツ(仲岡佳彦)／120
26．自転車競技(上野俊明, JISS)／121
27．カバディ(上野俊明, JISS)／122
28．近代五種(嶋村政博)／123
29．障害者スポーツ／124
　（1）脳性麻痺サッカー(鈴木浩司)
　（2）車椅子バスケットボール(佐々木幸生)
30．国民体育大会(西脇孝彦)／126
31．スペシャルオリンピックス(上野俊明, TMDU)／127

6章　フェイスガード (上野俊明, TMDU, 増田一生, 上田順宏, 桐田忠昭) …………133

1. フェイスガード(FG)とは／133
2. FG製作の準備／135
　1) 診査・診断・前処置
　2) 印象採得
　3) 作業模型製作
3. FGの設計の要点／137
4. FGの製作法／139
5. 症例／142
　1) 鼻骨骨折
　2) 上顎骨・頰骨複合骨折
　3) 下顎骨骨折

※TMDU：東京医科歯科大学大学院 国際健康開発学講座 スポーツ医歯学分野
※JISS：国立スポーツ科学センター

1章　スポーツ マウスガードの基礎

1. はじめに

　スポーツに外傷事故や怪我はつきものである．スポーツ傷害（外傷と障害）はスポーツ本来の目的である"健康の維持・増進"，"体力の向上"，"精神の解放"とは相反するものであるが故に，適切な安全対策が重要になってくる．

　スポーツ外傷の安全対策の基本は肉体的および精神的コンディションの改善・維持・管理，危険なプレーの禁止，ルールの厳格な遵守，適切な用具・防具の使用，およびスポーツ環境の改善である．なかでも身体によく合った防具の使用が非常に効果的であることは広く知られ，ヘルメット，マスク・フェイスガード，アイガード，ネックガード，ショルダーパッド，エルボーガード，グローブ，シンガードなど様々な身体部位に対する防具が普及している．

　防具の設計指針は防護を必要とする身体部位の外表面を衝撃吸収・分散材で覆うのが基本である．もちろん，その際に身体部位が持つ本来機能を損なうことのないように設計されなければならない．マウスガード（以下文中はMGと略）とて例外でなく，基本的には防護すべき歯および歯肉の外表面を覆えばよいことになる．しかし設計空間が上下顎の歯（列），歯肉，口蓋，舌，口唇，頬の各組織に囲まれてできるわずかな隙間しかなく，設計の自由度が他の防具に比べて小さいところに難しさが潜んでいる．加えて，口が構音器官でもあり，呼吸器官でもあることから，それらの機能を損なわないようにしなければならず，難易度がさらに増すといえる．

　過去の研究報告を眺めてみても，既製MGでは防護能力と快適性をなかなか両立・達成しにくいようである．また既製MGの誤った使用による為害報告も散見される以上，歯科医師がその専門知識と技量を駆使して，安全性と適合性と装着感に優れるMGの開発・普及に尽力しなければならない．すべての国民が健康かつ豊かなスポーツライフを享受できるように支援することがスポーツ歯科医学の大きな責務である．

2．スポーツ傷害（外傷・障害）の安全対策

```
＜スポーツ外傷＞………外因性傷害………怪我
  予防  →  ①体力・技術の向上
           ②ルールの遵守・改正
           ③スポーツ環境の改善
           ④器具・用具および防具の正しい使用（MG）
＜スポーツ障害＞………内因性傷害………使いすぎ症候群
  予防  →  健康管理（メディカル・チェック）
```

　スポーツには危険が不可避的に内在しているといわれており，スポーツ傷害（外傷および障害）の診断・治療学，そして予防学の考究はスポーツ医歯学の重要な柱である．考究に先立って，まずスポーツを理解し，よく知ることが重要であることは言うまでもない．

　スポーツ外傷は外因性傷害であり，直接，あるいは間接的に外力が作用して発生するものと定義される[1]．競技特性からいっても特にコンタクト・スポーツあるいはコリージョン・スポーツには少なからず外傷の危険が付きまとう．また，ハイスピードで動くスポーツは怪我の発生率が高い[2]．不可抗力や原因不明の場合は致し方ないとしても，それ以外では適切な対策を講じれば予防できる例はかなり多い．具体的に注意すべき点として，個人の問題（コンディション，体力，技術，トレーニング内容など），競技特性（ルール），環境（グラウンド，施設，天候，気温など），器具・用具および防具（プロテクター，サポーター，テーピングなど）が挙げられている[3]．

　これに対して，内因性傷害はスポーツ障害といわれるものに相当し，ランナーズ・ニー（膝）やテニス・エルボー（肘）などを始めとしたいわゆるoveruse syndrome（使い過ぎ症候群）と呼ばれる傷害と外傷性内因性傷害に分かれる[1]．外傷性内因性傷害は明確な外力の働きかけがないにもかかわらず急に発症するもので，筋・腱損傷が代表的である．予防法としてはメディカル・チェックを始めとした健康管理が主体となる．

　ただ実際には，これらスポーツ外傷，overuse syndrome，外傷性内因性傷害の明確な区別をつけにくい場合が相当に多い[4]ことから，スポーツ傷害の適切な診断および確実な治療を行う上で，復帰時期を判断する上で，さらには再発予防策を講じる上で，個々の症例の背景と受傷機転を十分吟味して考察することは極めて重要である．

3. マウスガード（MG）とは

> 外傷から歯および歯周組織を保護し，
> 口腔外傷を減じることを目的に装着される口腔内弾性装置．

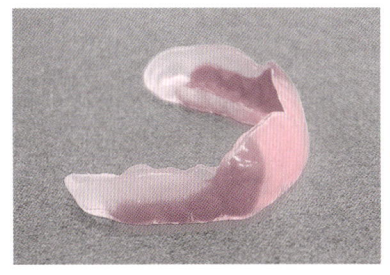

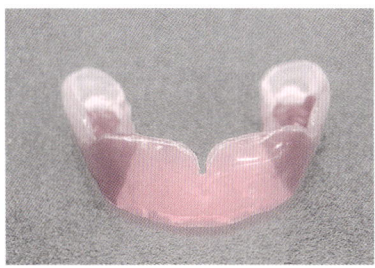

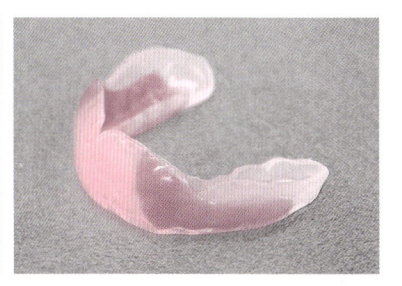

　MG（mouthguard）は外傷から歯および歯周組織を保護し，口腔外傷を減じることを目的に装着される口腔内弾性装置であり，通常，外傷発生率の高い上顎歯列弓に対して装着される．しかし反対咬合（下顎前突）者には下顎歯列弓への装用が推奨されている[5]．

　マウスプロテクタmouth protectorやマウスピースmouthpiece，あるいはガムシールドgum shieldとも呼ばれるが，楽器やスキューバダイビング用マウスピースとの混同を避ける意味で，最近，MGが好んで用いられる．

　参考として，各学術団体あるいは医歯学辞書におけるMGの定義ならびに2008年に採択されたFDI（国際歯科連盟）の政策声明を以下列記する．

[国際スポーツ歯科医学会（前米国スポーツ歯科医学会）[6]の定義]

　An athletic mouthguard is a resilient device or appliance placed inside the mouth（or inside and outside）to reduce mouth injuries particularly to the teeth and surrounding structures.（競技MGとは特に歯および周囲組織の傷害を減少するために口腔内あるいは口腔内外に装着される弾性器具あるいは装置である）

[米国歯科補綴学会　米国歯科補綴学用語集（第7版）[7]の定義]

　A resilient intraoral device useful in reducing mouth injuries and protecting the teeth and surrounding structures from injuries.（口腔の外傷を減少させ，歯および周囲組織を保護する，弾性のある口腔内装置）

[Stedman's Medical Dictionary 27th Ed.[8]（ステッドマン医学大辞典改訂第5版[9]）の定義]

　A pliable plastic device, adapted to cover the maxillary teeth, which is worn to reduce potential injury to oral structures during participation in contact sports.（上顎歯をおおうのに適した柔軟性のあるプラスチックの器具で，格闘競技の際に口腔組織の外傷の可能性を減らすために用いる）

[Heinemann Dental Dictionary 4th Ed.[10] の定義]

　　An appliance worn in the mouth to protect the teeth from injury during sporting activities such as boxing, rugby football, etc.（ボクシングやラグビーといったスポーツ中の外傷から歯を守るために装着される口腔内装置）

[Concise Illustrated Dental Dictionary 2nd Ed.[11] の定義]

Mouth guard protector: flexible appliance worn by boxers and rugby, hockey and lacrosse players to protect the teeth from trauma.（外傷から歯を守るために，ボクサー，ラグビー，ホッケーおよびラクロス選手が装着する弾性装置）

[FDI政策声明：スポーツマウスガード.[12]]

FDI総会（2008年9月26日，ストックホルム）にて採択.
背景：
レクレーションであれ競技スポーツであれ，年齢，性別，技術レベルに関係なく，全ての参加者が口腔内に傷害を負うリスクがある．また，ノンコンタクト（非接触型）スポーツや運動であっても，口腔外傷は発生する．従来研究から，唇頬側や咬合面に適切な厚みをとったカスタムメイドMGは弾性に富んだ保護面を提供し，有害衝撃力を分散吸収することにより，優れた外傷防護能を示すことが示されている．しかしながら，MGが脳震盪による障害を防ぐことを示す証拠は未だない．
メタ分析の結果，MGの装着者に比べて，MG非装着者のスポーツ・運動中の外傷発生リスクが全体として1.6～1.9倍と高いことが分かっている．大学のバスケットボール・チームの研究によれば，カスタムメイドMGを着用していた選手の方が着用していなかった選手より口腔障害の発生件数が著しく少なかった．
また，カスタムメイドMGは装着者に最高水準の防護と快適性をもたらすこと，半既製のマウスフォームドMG（温湯成形型）はカスタムメイドMGに比して適合性に劣ること，そして既製のストックMGは最低水準の防護と快適性しかもたらさないことが示されている．

声明：
FDI世界歯科連盟は以下のことを推奨する．
・国内歯科医師会は，一般公衆と口腔医療専門職にスポーツMGの有用性（口腔顔面外傷の予防を含む）を周知徹底すること．
・当該の口腔医療専門職は，自分の患者が口腔傷害のリスクを伴うような運動・スポーツに参加しているかどうか確認すること．
・口腔傷害のリスクを伴う運動・スポーツに参加する際には，年齢に関係なく全ての人々がMGを着用すること．
・患者に対して，MGが口腔顔面傷害を予防する上で有用であることを教育すること．これには，MGの種類，防護能，価格，メインテナンス上の要件に関する適切な指導が含まれる．

4. MGの必要性

　一般に顎顔面領域の外傷の多くは交通事故や転倒・転落で発生し，スポーツに起因するものの割合は約10～20％程度[13, 14]とされているが，近年のスポーツ競技数と人口の増加，スポーツ競技の多様化ならびに競技レベルの高度化と相俟って増加傾向を示している．特に10～20代の男性の受傷例が多く，受傷部位は上顎前歯が圧倒的に多い[15]．

　スポーツに限ったことではないが，すべてに安全が優先されなければならない．故に適切な防具の着用による安全対策は最優先事項であり，歯や口腔領域の外傷防止のためのMGは必須アイテムであるとの認識を，コンタクト・スポーツおよびコリージョン・スポーツ（アメリカンフットボールなど衝突が起こるもの）に参加する選手はもとより，保護者，コーチ，監督，競技団体関係者に正しく啓発する必要がある．

　そこでMGの必要性を我が国のスポーツ外傷発生の実態からみてみる．財団法人スポーツ安全協会によるスポーツ等活動中の傷害調査（平成8年度）[16]によれば，外傷経験者数は加入者9,193,682人中88,531人（発生率0.96％）であり，1年間に約9万人ものスポーツ選手がいわゆる怪我をしている．スポーツ等活動内容別の傷害発生率および傷害部位別発生頻度の内訳はそれぞれ表1および図1に

表1：スポーツ等活動内容別の傷害発生率（平成8年度）（スポーツ安全協会[16]による）

	活動内容	加入者数	発生例数	発生率		活動内容	加入者数	発生例数	発生率
1	アメリカンフットボール	9,204	1,021	11.09	27	テニス	115,545	968	0.84
2	ガールスカウト	323	21	6.50	28	レスリング	6,486	54	0.83
3	ラグビー	36,853	1,158	3.14	29	スケート	12,208	99	0.81
4	自動車操縦	138	4	2.90	30	軟式野球	1,039,34	7,584	0.73
5	バレーボール	858,024	23,244	2.71	31	ソフトボール	1,003,88	6,966	0.69
6	トライアスロン	1,612	32	1.99	32	ホッケー	3,682	25	0.68
7	柔道	108,585	2,134	1.97	33	パラグライダー	157	1	0.64
8	ウェイトリフティング	261	5	1.92	34	ジョギング	3,887	24	0.62
9	インディアカ	56,224	1,048	1.86	35	合気道	26,538	141	0.53
10	ビーチバレー	36,898	610	1.65	36	スキー	70,422	368	0.52
11	体操競技	39,510	649	1.64	37	スキューバダイビング	417	2	0.48
12	銃剣道	1,465	22	1.50	38	山岳登はん	631	3	0.48
13	ボクシング	1,772	26	1.47	39	ボート	1,723	8	0.47
14	バスケットボール	399,930	5,772	1.44	40	旅行	2,965	14	0.47
15	硬式野球	42,881	607	1.42	41	少林寺拳法	49,102	228	0.46
16	自転車競技	9,441	132	1.40	42	卓球	148,076	657	0.44
17	バドミントン	274,054	3,734	1.36	43	なぎなた	7,880	34	0.43
18	馬術	8,423	111	1.32	44	ゲートボール	96,971	408	0.42
19	ソフトテニス	37,238	468	1.26	45	相撲	10,736	45	0.42
20	武術太極拳	424	5	1.18	46	剣道	344,595	1,353	0.39
21	ライフル射撃	767	9	1.17	47	ワンダーフォーゲル	261	1	0.38
22	サッカー	1,104,63	12,739	1.15	48	指導活動	18,417	59	0.32
23	空手	100,542	1,126	1.12	49	釣り	4,702	13	0.28
24	アイスホッケー	20,423	209	1.02	50	ジャズダンス	12,710	33	0.26
25	海洋少年団	455	4	0.8	51	その他	1,733,11	2,103	0.12
26	ハンドボール	18,977	166	0.878					

示す通りであった．とくに頭頸部領域（頭部，顔面，頸部，口，眼，耳，鼻，歯を含む）の発生頻度は6,559例（7.4％）であった．そのうち口の損傷363例（0.4％）で，創傷が262例（72.2％）と最も多かった．歯の損傷は769例（0.9％）で，特に歯の破折が61例（7.9％），歯の脱臼が111例（14.4％）であった．

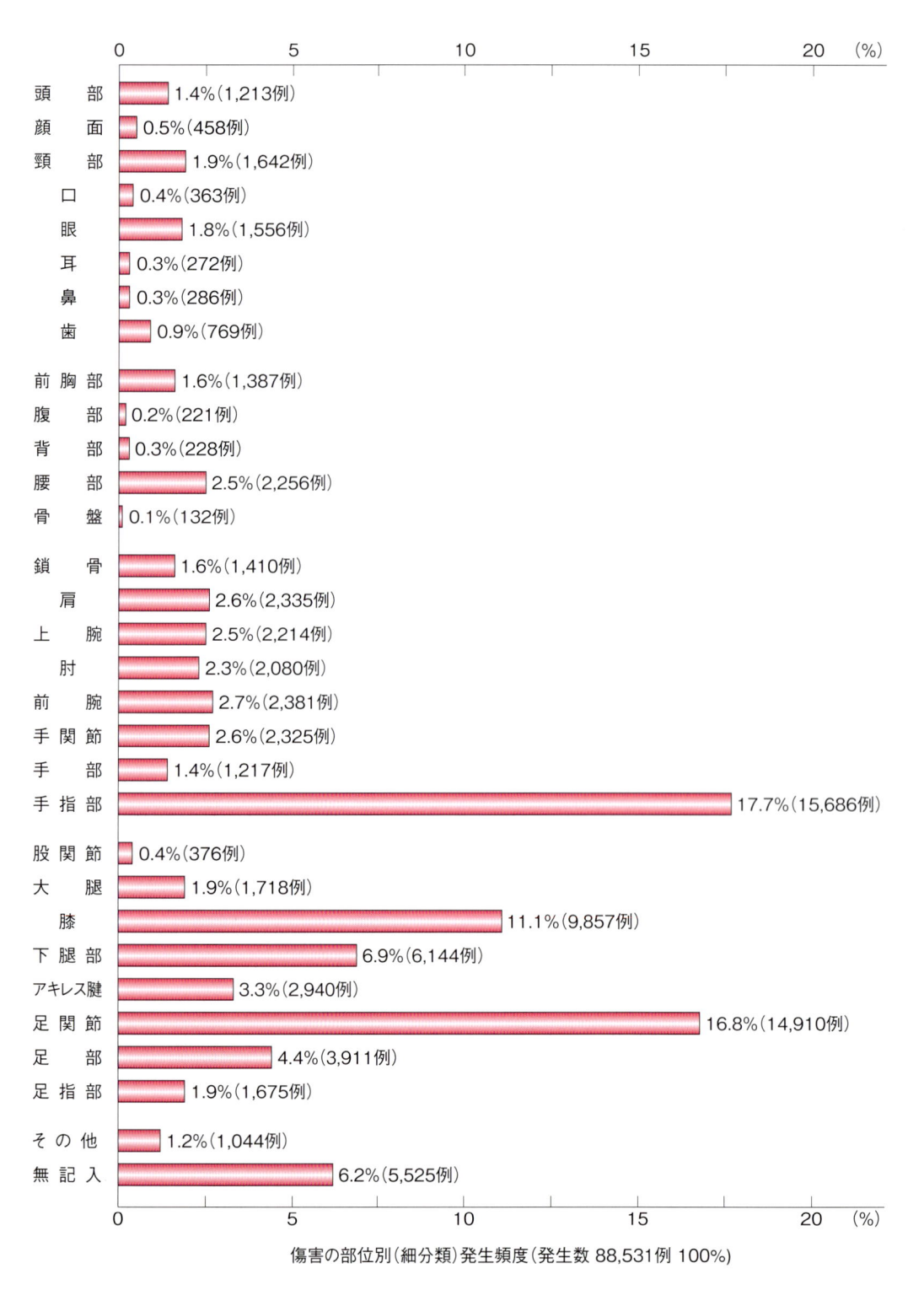

部位	割合	例数
頭部	1.4%	1,213例
顔面	0.5%	458例
頸部	1.9%	1,642例
口	0.4%	363例
眼	1.8%	1,556例
耳	0.3%	272例
鼻	0.3%	286例
歯	0.9%	769例
前胸部	1.6%	1,387例
腹部	0.2%	221例
背部	0.3%	228例
腰部	2.5%	2,256例
骨盤	0.1%	132例
鎖骨	1.6%	1,410例
肩	2.6%	2,335例
上腕	2.5%	2,214例
肘	2.3%	2,080例
前腕	2.7%	2,381例
手関節	2.6%	2,325例
手部	1.4%	1,217例
手指部	17.7%	15,686例
股関節	0.4%	376例
大腿	1.9%	1,718例
膝	11.1%	9,857例
下腿部	6.9%	6,144例
アキレス腱	3.3%	2,940例
足関節	16.8%	14,910例
足部	4.4%	3,911例
足指部	1.9%	1,675例
その他	1.2%	1,044例
無記入	6.2%	5,525例

傷害の部位別（細分類）発生頻度（発生数 88,531例 100％）

図1：傷害部位別の発生頻度（平成8年度）（スポーツ安全協会[16]による）

したがって，全身に占める歯・口腔領域のスポーツ外傷発生頻度は約1.3％であり，外傷事故100件に1件程度の発生率といえる．

しかし，歴史的にいち早くMG装着が導入されたボクシング競技ではそのリスクはさらに高いものとなるようである．やや古いデータではあるが，ボクシング外傷1,014例（1956～1965年）を調査した吉田の報告[17]によれば，歯の外傷が全体の外傷に占める割合は5.5％（57例）にも達している．なお吉田は「歯牙の損傷は門歯を欠損することが多いが，開口した状態で強い攻撃力が加わると，下顎骨骨折を起こすことがある．」と記述している．このデータをみる際には，おそらくほとんどの選手がそれなりのMGを着用していたはずである点に注意すべきである．もし仮にMGをしていない場合にはさらに外傷発生リスクが高まることは必至である．いずれにせよ，相手を打倒し合うボクシング競技の過激さを物語る数値であることは確かである．

また顎顔面骨骨折771症例（1985～2000年）およびスポーツによる骨折148例（1977～2000年）に関する統計的検討を加えた天笠の報告[18]によれば，スポーツによる顎顔面骨折は全症例の16.9％に相当し，部位は下顎骨（57.3％），歯槽部（19.8％），頬骨・頬骨弓（10.8％），上顎骨（10.2％）であった．年齢は20歳代（49.3％）と10歳代（33.8％）が多く，男女比は5.2：1であった．競技種目としてはラグビー（21.6％），スキー（20.3％），野球（13.5％），サッカー（10.8％）などのいわゆるコンタクト・スポーツでの受傷例が多く，対人（衝突）事故（60.8％）が最も多い．

さらに日本スポーツ振興センター（旧日本体育・学校健康センター）の災害共済給付制度に関する報告[19]によれば，平成13年度に学校管理下で発生した各種障害に占める歯牙障害の割合は第1位38.38％（208件/542件）となっている．因みに第2位が外貌・露出部分の醜状障害で21.22％（115件/542件），第3位が視力・眼球運動障害で17.53％（95件/542件）である．歯牙障害の学校種別内訳は保育所・幼稚園1件，小学校15件，中学校56件，高校・高等専門学校136件となっており，身体成長と運動能力（技術スキル，筋パワー，呼吸循環機能など）の高まりとともに歯の外傷発生件数が増加していくようである．またこれらの負傷発生状況については，保育所・幼稚園では保育中，小学校では休憩時間中，中学校と高校・高等専門学校ではいずれも課外活動中であった．

参考として，学校管理下での障害見舞金給付件数および負傷事故件数の過去推移をそれぞれ図2および図3に示す．この20年余りの間，歯牙障害による障害見舞金給付件数は右肩下がりの減少傾向を示し，学校管理下での安全対策が着実に進んでいることが伺えるが，その一方で口・歯・顎の負傷事故発生件数そのものは7万件前後を横ばい推移していることから，今後は事故発生そのものの防止も視野に入れた安全対策を講じる必要性がある．

ジュニア期の運動・スポーツ活動は精神鍛錬（心），運動能力の成熟（技）および身体の健全成長（体）に効果的であることは広く知られている．安全で楽しいスポーツ・運動活動の更なる普及促進を図る上でも，学校管理下での歯のスポーツ障害・外傷の安全対策を急ぐ必要性がある．

実際，学校の管理下の死亡・障害事例と事故防止の留意点＜平成24年度版＞[20]のなかでは，「（高等学校・高等専門学校の）体育活動中の障害事故122件のうち，歯牙障害39件，顔面打撲等による視力・眼球運動障害等事故が32件，頭部・頸椎損傷による精神・神経障害を合せてが18件で，合せて約7割を占める．・・・（中略）・・・近年，この傾向が続いている．特に，大きな割合を占める歯牙傷害を減少させることは非常に深刻かつ緊急の課題である．・・・（中略）・・・歯・口の障害防止策と安全教育の教材の一つとしてMGの使用が効果的と考えられる．学校歯科医の指導のもと，

事例などをもとに安全教育を実施するとともに，野球やバスケットボール，サッカー，ホッケーなどラケットやバットの使用，激しい接触プレーを伴う体育活動において，MGを使用することを強く提案したい.」と記述されるに至っている.

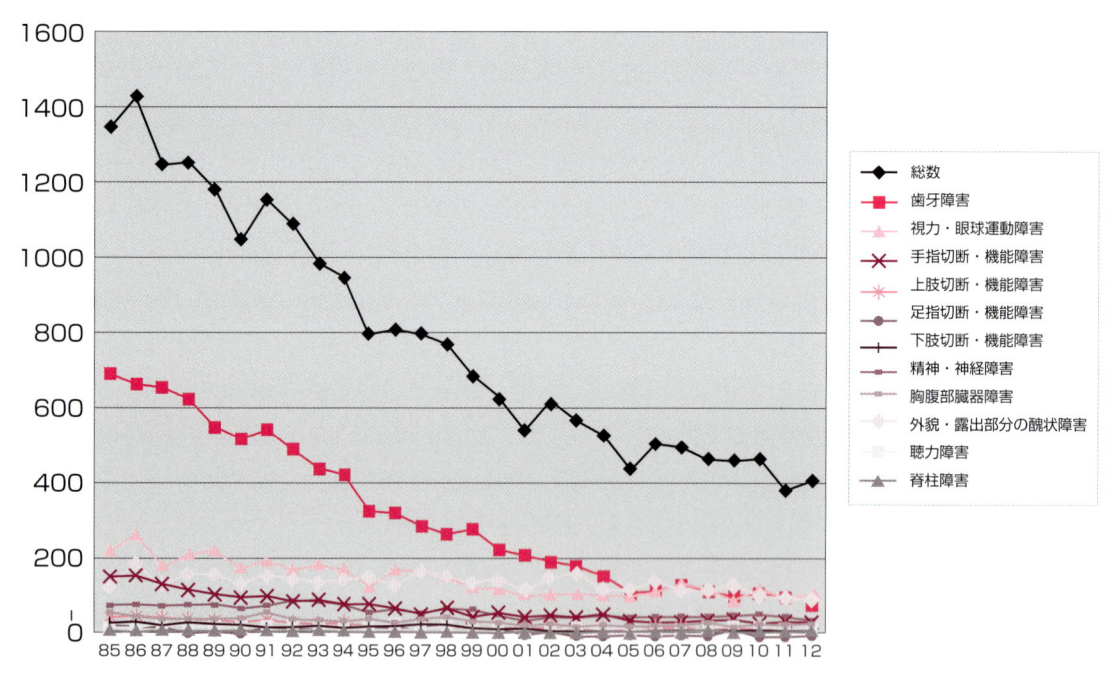

図2：障害見舞金給付件数の推移（日本スポーツ振興センター資料による）

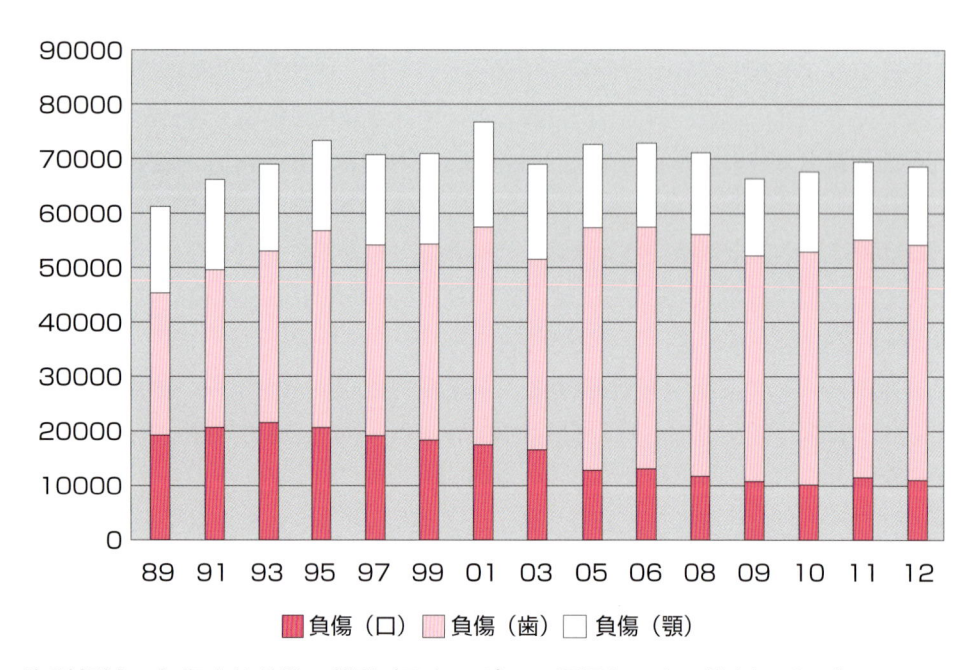

図3：歯科領域の負傷事故件数の推移（日本スポーツ振興センター資料による）

5. MGの歴史

　世界最古のMGは，英国ロンドンの開業歯科医であった故Woolf Krause氏が1892年（明治25）頃に製作したガッタパーチャ製のプロボクサー用マウスピースである[21]．試合のたびに選手の口の中で直接MGを調製していたようで，言わば使い捨てマウスピースであったと思われる．具体には，試合開始の約30分前に，ガッタパーチャストリップスを上顎歯列に被覆成形し，試合中は顎を保護するためにマウスピースを噛ませて使用させたという．

　その後，Krause氏の子息であるPhilip F. Krause氏が耐久性のよい歯科用裏装材Vella rubber製のロストワックス製法へと改良発展させた．アマチュアボクサーでもあったPhilip氏自身がまず使用し，その後選手達にも提供したという．彼がマウスピースを製作提供した代表的なボクサーが元NBAウエルター級世界チャンピオンTed Kid Lewisであった．

　一方，米国最古のMGは，シカゴの歯科医師Thomas A. Carlos氏の手による軟性ゴム製のボクサー用であった[21,22]．ときに1916年（大正5）のことである．同じシカゴの歯科医師E. Allen Frankelもほぼ同時期の1919年（大正8）にMGを製作しており[21]，彼らが米国ボクシング界へのMGの普及に尽力し，1927年にはシューズおよびファウルカップとともに，MGがボクシング用具の定番アイテムとして認知されるようになり，着用義務のルール制定へと繋がっていったものと思われる．

　本邦初のMGの製作法に関する論文を発表したのは，歯科医師の大久保信一氏であり，これもやはりボクサー用MGであった[23]．1925年（大正14）のことであり，英国および米国に遅れることそれぞれ33年および9年である．大久保氏の論文では，当時の製作法（いわゆるロストワックス製法）について詳述されている．すなわちチェアサイドにて，上下顎の印象採得および咬合採得を行い，作業用石膏模型を製作し，これを咬合器に付着する．上顎歯列弓を十分に被覆するようにワックスアップを行い，埋没・流蝋後，軟性ゴム等を填塞し，蒸和する．これを割り出して，形態修正，仕上げ研磨を施して完成となる（**図4**）．

＜1925年当時のMG製作法および写真（文献：大久保ら，1960[23]より引用・一部改変）＞

①印象採得
②咬合採得（最後臼歯部で約2mmの高径）
③咬合器装着
④蝋原型調整（唇頬側はパラフィンワックス1～2枚を圧接して，歯肉唇頬移行部まで被覆する．口蓋側は歯頸部より3～5mmに止め，全面被覆しない．厚径は1～2mmで，縁端は移行的にする）
⑤埋没，填入，蒸和・重合（軟ゴム，ラバーベース，シリコンゴムなどを使用．なかでも軟ゴムが弾力に富み，耐久力がある）
⑥仕上げ・研磨（サンドペーパー荒目で研磨する）

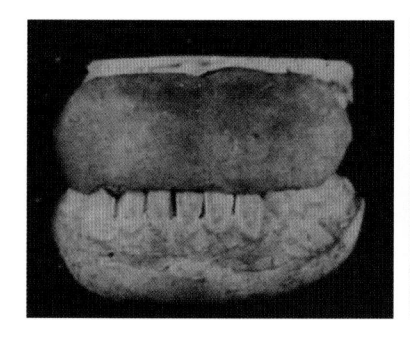

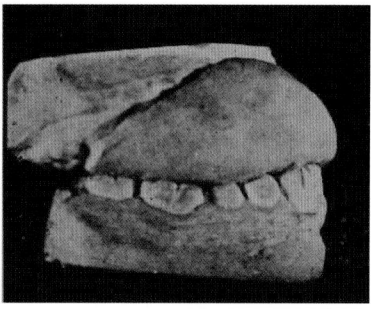

図4　1925年頃のMG

　なお1960年代に入って，本邦ではボクシングブームに沸いたことは周知の通りである．当然，MGの需要は相当量あったと思われるが，カスタムメイドは十分普及することなく，代わって既製MG（工業品）が台頭していった歴史がある．この歴史的経緯および理由として，武井ら[24]は，ロストワックス製作法が煩雑であったこと，次いで当時の歯科界は通常の歯科疾患に対する診療業務に忙殺され，マンパワーが不足していたこと，さらには加硫ゴム製造用の加圧蒸気釜の設備不足などを指摘している．ただ1968年当時のMGの材料および製作法について，ポリエチレン－酢酸ビニル共重合体を器材としたものが主流であり，同材料を温湯軟化して作業模型上で手指圧成形する方法が紹介されていることから，この頃すでにサーモフォーミング製法が試行され始めていたことが伺える．

　いずれにせよ，MGの歴史というものが，歯科外傷が頻発するボクサーの要求に答える形で，歯科医師が個別製作することから始まった点は銘記すべき事実である[25]．

6．MG装着に関するルール（義務／推奨／許可／禁止）

　基本的にコンタクト・スポーツあるいはコリージョン・スポーツに参加するスポーツ選手はMGを装着することが推奨されることは前述のとおりである．現在，我が国で競技規則（完全あるいは一部）上でMGの装着が義務化されているスポーツ競技としては，ボクシング，キックボクシング，アメリカンフットボール，総合格闘技，ラグビー，空手道，ラクロス，アイスホッケー，インラインホッケーである．以下は2019年3月現在のものである．

＜完全義務化＞
アメリカンフットボール………明るい色でなければならない．白色や透明は不可．
キックボクシング（プロフェッショナルおよびアマチュア）………ストラップ付きは不可．
ボクシング（プロフェッショナルおよびアマチュア）………赤色は不可．
総合格闘技（Mixed Martial Arts）………UFC（米国総合格闘技），PRIDE，パンクラス，修斗など
空手道………全日本空手道連盟（組手競技，透明に限る），国際空手道連盟（極真会館）など．
テコンドー………キョルギ（組手競技）．白色または透明なものに限る．
ラクロス………ゴーリーを含めた全てのプレーヤー．色は白と透明以外で一見して装着がわかる色．

＜一部義務化＞
アイスホッケー………（国際／国内）U20カテゴリーのプレーヤー．
インラインホッケー…（国際／国内）18歳以下のプレーヤー．
ラグビー………（国際／国内）すべてのプレーヤーにMGの追加着用を認める．
　　　　　　　　　ただし，国内のU-19（高専・高校生）とU-15（中学生）は義務，U-12（小学生・ミニラグビー）は推奨．U-15で白，乳白色，透明，黒，濃紺等とし，出血と見紛う赤色や華美色は禁止．その他，関東医歯薬大学リーグと西日本医学生体育大会でも義務化されている．
ホッケー………（国際／国内）ゴールキーパーを除くフィールドプレーヤーは推奨．
　　　　　　　　　ただし，平成25年度から国内の中学生および高校生大会ではMG装着が義務化されている．

＜推奨＞
モータースポーツ……（国内）ロードレース，モトクロス，トライアル，スーパーモタード．
　　　　　　　　　注）エンデューロ，スノーモービルには適用されない．MGの色は口の中の出血が見分けやすいように明るい色が望ましい．

＜許可＞
バスケットボール……（国際／国内）無色透明なMGは使用してもよい．
　　　　　　　　　（Bリーグ）マウスピースを着用する場合の色や素材，形態は協会の競技規則を準用する．スポンサー等の第三者のための広告を表示する場合は1個に対して1社に限り，サイズは5cm²以下とする．
硬式野球………（国内）白色または透明なものに限りMGの使用を認める．
ハンドボール………（国際／国内）透明なMGは使用してもよい．
柔道………（国内）全日本柔道連盟（白色または透明に限る．畳に上がる前に審判員や会場係員に申告すること）．
　　　　　　　　　注）2008年ルールの特殊な例解釈（すなわち，マウスピースの着装は歯の矯正のために固定されたものは問題ないが，脱着可能な物質は飲み込む危険性や相手に危害や不快さを与える可能性があるので禁止する）により禁止されていたが，2017年に許可となった．

＜参考＞ 日本ラグビーフットボール協会の通達内容および変遷について

(以下は引用)

・高校生 (U-18)[26]

　2006年：　夏合宿で高校生ラグビー部員に重傷事故が発生するなど，安全対策の一層の推進はじめ指導者，大会運営の高等学校体育連盟，協会関係者にも安全確保に対する意識をさらに強く求めていかなければなりません．従いまして，コンタクトに十分耐えうる体力づくりや体づくりはもとより，脳震盪の予防はじめ重傷事故を防止する観点からも，平成18年度から高等学校の試合に参加する選手は，MGを装着することを義務付けることにいたします。購入には経費が必要ですが，重傷事故阻止対策の観点から実施いたしますので，趣旨をご理解の上，ご協力よろしくお願いいたします．

・中学生 (U-15)[27-29]

　2008年：　原則としてプレーヤーはMGを装着するように努める（当面の間，各協会および指導者は，プレーヤーがMGを装着するように指導する）．補足説明：成長期にあるU-15プレーヤーにはMG装着による安全対策は欠かせないという認識であり，義務化することが望ましいというのが基本方針です．このため，各地域で準備を進めているのが現状です．また，U-13カテゴリーのプレーヤー，あるいはU-14カテゴリーのプレーヤーにおいては，永久歯に生え変わっていない乳歯のある場合，および歯科矯正などを行っているプレーヤーがいますが，MG装着を推進している歯科委員会の専門医の方々は，このようなケースについては特にMGを装着することによる安全対策とリスク回避が重要との見解です．なおMGは専門の歯科医で作成することを薦めています．

　2011年：　プレーヤーはMGを装着しなければならない．補足説明：成長期にあるU-15のプレーヤーにはMG装着による安全対策は欠かせないという認識であり，周知徹底までに過去4年の準備期間を費やしましたが，MGの装着を義務とします．

　2012年：　原則としてラグビー協会の推奨する専門の歯科医等で作製し，安全を考慮したMGを着装し，MGの色は，白，乳白色，透明，黒，濃紺等とし，口腔内や唇が出血していると見紛うような色等，赤等の華美な色を使用したMGは禁止する．

・小学生 (U-12, ミニラグビー)[30]

　2012年：　安全を最優先する目的で，MGを装着することが望ましい（推奨）．ただし骨格の発育段階であり，永久歯に生え変わっていない乳歯のある場合，および歯科矯正などを行っている場合もあるので，専門医に相談することをお勧めする．また歯型を取っての作成は金銭的な問題もあるので，プレーヤー・保護者の判断に委ねることとする．

7. MG装着推奨のスポーツ

アクロバット	武術
バンディ	ラケットボール
野球	ラグビー
バスケットボール	砲丸投げ
自転車競技	スケートボード
ボクシング	スキー
乗馬	サッカー
フィールドホッケー	ソフトボール
アメリカンフットボール	スカッシュ
体操	サーフィン
ハンドボール	バレーボール
アイスホッケー	水球
インラインスケート	ウエイトリフティング
ラクロス	レスリング

しかし，米国歯科医師会(ADA)では，コンタクト・スポーツやコージョン・スポーツだけでなく，ノンコンタクト・スポーツなど多岐にわたるスポーツ競技でのMG装着を推奨している[31]．

砲丸投げやウエイトリフティングといったノンコンタクト・スポーツにおけるMG推奨の理由は，外傷防護のためではなく，自傷あるいは障害防止のためと考えるとよい．すなわちスポーツ選手，特に競技指向の強い選手では持てる力の最大あるいは最大以上発揮のために，しばしば歯を食いしばる．こうした食いしばりの瞬間には思いがけず歯あるいは歯冠修復物が破折したり，舌や頬粘膜を噛みこんで自傷することがある．また加齢に伴う生理的咬耗に比べて，より早期に，またより過度に歯の咬耗・磨耗が生じてくる可能性が高い．

およそスポーツ選手の咬耗・磨耗は歯のスポーツ障害，いわゆるoveruse syndrome(使い過ぎ症候群)と認識すべきであり，それゆえに定期的なデンタル・チェックを通じた口腔の健康管理が重要となる．侵害性ブラキシズムによる顎口腔系ブレークダウン・パターンに関するweak link theoryを提唱するMetha Nら[32]によれば，中程度から重度ブラキソマニアの約90％が歯，歯周組織，あるいは顎関節(咀嚼筋を含む)のうちの一部位だけに症状を発現するという．デンタル・チェックの際には，歯の障害(咬耗・磨耗)だけを査定するのではなく，歯周組織(歯周炎)や咀嚼筋・顎関節(顎関節症)に障害発生にも気を配る必要がある．

ただ実際には，スポーツ選手に歯を食いしばる習慣を中止させることは，なかなか困難であることが多く，適切な咬合関係を維持・管理する一方，策として，MGを応用することは有意義であろう[33,34]．

8．MG装着の効果

(1) 歯の傷害防止
(2) 口腔軟組織（口唇，頬，舌）の外傷防止
(3) 顎骨や顎関節の傷害防止
(4) 頭頸部外傷の防止
(5) 心理的効果および運動パフォーマンス向上
(6) 経済的効果

　MG装着の主たる機能および効果は，直達性あるいは介達性外力による(1)歯の傷害防止と(2)自身あるいは他人の歯による口腔軟組織（口唇，頬，舌）の外傷防止，そして(3)衝撃力から顎骨や顎関節を守ることである[35]．

　我が国におけるMG（当時マウスピース）のパイオニアである大久保信一らによって，1961年にボクサー・MGの外傷防護効果に関する検証データが報告されている[36]．20～25歳のボクシング初心者13名に，MG装着有り無しの条件下で，それぞれ実際のスパーリングを行わせて，硬組織（歯，顎骨）および軟組織の損傷の度合いを比較している．結果は**表2**に示す通りである．マウスピースを着用しないで対戦すると，90％の軟・硬組織部に損傷を受けていたものが，着用により軟組織において13例中3例，硬組織においては13例中2例，極めて損傷の度合いが縮小されたという．こうした研究はもはや二度と行う事が出来ないであろうという意味で大変貴重な研究データである．

表2：ボクシング・スパーリング（3分）での口腔外傷の発生（引用・一部改変：大久保ら1961[36]）

症例	＜MG未使用＞ 軟組織損傷	硬組織損傷 歯破折	顎骨骨折	＜MG使用＞ 軟組織損傷	軟組織損傷 歯破折	動揺	顎骨骨折
1	＋	＋	－	－	－	＋	－
2	－	＋＋	－	－	－	－	－
3	＋＋	＋	－	＋	－	－	－
4	＋	＋＋	－	－	－	－	－
5	＋	－	－	－	－	－	－
6	＋＋＋	＋＋	－	－	－	－	－
7	－	＋	－	－	－	－	－
8	＋	－	－	－	－	＋	－
9	＋＋	＋	－	＋	－	＋	－
10	＋	＋	－	－	－	－	－
11	＋＋	＋	－	＋	－	－	－
12	＋	－	－	－	－	－	－
13	＋	＋	－	＋	－	－	－

MGは外力から自身の歯，口腔軟組織および顎を守るためばかりでなく，歯によって相手を傷つけることを防ぐ役割もある．歯は時として凶器になることがある．凶器となりうる歯をMGで包み込み，相手に傷害を与えないように配慮することは非常に重要である[37]．

　その他，(4)脳震盪や脳へのダメージを軽減するといった効果も説明されている[38,39]．さらには，(5)MGにより保護されているという安心感から，より思い切ったプレーができるという心理的効果を強調する報告やパフォーマンスへの好影響を謳う臨床報告[40-42]も散見される．また(6)外傷治療にかかる時間と費用に関する経済的な節減効果は当然見込める[43,44]．しかし，頭頚部外傷の防止効果についてはエビデンスに乏しい感は否めない[22]．パフォーマンスへの好影響についても心理学的効果（プラセボ）が多分に混入している可能性が指摘されている[5]．

9. 頭部外傷（脳震盪）とMG

> 現在，マウスガードの脳震盪予防（軽減）効果はあるともないとも，どちらとも言えない

　MGの脳震盪を含めた頭部外傷に対する予防効果はStengerらの症例報告[45]あるいはHickey & Morrisの死体頭蓋骨を用いた基礎的研究報告[46]などを根拠として長らく示唆されてきたものであるが，実際の予防効果を検証した臨床研究は少ない．Winters JE and Leahy SRによるNCAAディビジョンIII所属の大学フットボール17チーム，選手1389人を対象にしたアンケート調査[47]によれば，1997年シーズン中に直接的な頭部打撲による75例の頭部外傷が発生した．その受傷者71人が受傷時にMGを装着しており，使用MGの種類内訳は9人（12%）がストック・MG（既製品）を，42人（60%）がマウスフォームド・MG（半既製品，boil & biteタイプ）を，12人（17%）がカット・オフ・MG（半既製boil & biteタイプを臼歯部で切り取って小型化）を，そして8人（11%）がカスタムメイド・MGを使用していたという．しかし彼らはMGを使用していた選手に頭部外傷が発生したという実態に対する考察は一切触れないまま，カット・オフ・MGの危険性についてのみ唱えている．また米国大学バスケットボール選手に対する疫学調査結果[48]でも，MG使用者と非使用者の間での脳震盪発生率に統計学的有意差が認められなかったことが報告されている．

　このようにMGの脳震盪予防あるいは軽減効果があるともないともどちらとも言えないというのが実状である[12]．ただ先ごろ行われたスポーツにおける脳震盪に関する国際シンポジウムにおいて，Piccininni PがMGの脳震盪軽減効果の機序に関する2つの仮説を示している[49,50]．1つは下顎骨に外力が加わった時に上顎骨，顎関節および頭蓋骨へと伝達される有害な力をMGが吸収・分散させうる．もう1つはMGを噛みしめることにより頸部周囲筋群の活動性が増し頭部固定が得られ頭部回転加速度を減少しうるというものである．いずれの説についても今後の科学的検証が待たれるところである．

　そもそも頭部外傷は頭皮損傷，頭蓋骨損傷および脳損傷に大別されるが，脳震盪は脳内部の瞬間的な歪みによる軽度脳損傷である．これまでも死亡に直結する重症頭部外傷への対処法や安全対策は様々に講じられ，ルール改正，ヘルメットやヘッドギアなどの導入などによる安全対策が功を奏しているスポーツ競技は多い．ところが，一過性症状で，跡形もなく治ってしまう脳震盪の診断・対策はやや遅れた感がある．しかし，頭部打撲が繰り返された結果引き起こされる重篤かつ永続的な認知機能障害が問題視されるようになった．いわゆるpunch drunker syndromeあるいはpunch-drunk syndromeであり，ボクシングの例が有名である．そればかりか，どんなに軽度な脳震盪であっても2回目の頭部打撲で一気に致命的な状態を引き起こすことがあること（いわゆるセカンドインパクト症候群second impact syndrome）が最近知られるようになり，脳震盪に対する慎重な対処と有効な安全対策を講じる必要性がにわかに高まってきた．例えば，全米10大学のアメリカンフットボール選手393名のうち，34%が脳震盪を経験しており，13%には学習障害の既往があった[51]．また，

オランダのプロサッカー選手の調査[52]では，年間800回のヘディングを行っており，54%の選手が脳震盪を経験している．そして，精神心理テストの結果は記憶や認識の点数が低かったという．

脳震盪を含め頭部外傷の受傷機転は①野球やゴルフのボールなど飛来物が当たる，②柔道，ラグビー，サッカーなどのように転倒，衝突によるもの，③ボクシングに代表される殴打，④乗馬や体操などにおける転落に分けられる[53]．なおサッカーにおける脳震盪の受傷機転としては，ヘディング時のボールとの衝突だけでなく，相手の頭部との衝突がむしろ主原因ではないかといわれている[54]．

＜頭部外傷の受傷機転（山下俊紀，2000年[53]による）＞
対物衝突…………野球などでのボールなどの飛来物
対人衝突…………ラグビーなどでの相手プレーヤーとの衝突
殴打………………ボクシングなどでの殴打
転落………………乗馬や自転車などからの転落

受傷機転はちがっても，頭部外傷の発生機序は頭部打撲により頭全体が激しく動く（加速）か，あるいは激しい頭全体の動きが打撲の瞬間に急に止まる（減速）のいずれかで説明される．どちらも頭全体の動きが突然に変化することでは同じ結果を生み，頭蓋骨内に収まっている脳に瞬間的な歪みが生じる．これがメカニズムである．そのためにしばしば加速損傷とも呼ばれ，そのうちの程度の軽いものが脳震盪である[55]（**図5**）．実際，谷らによる我が国のプロボクシング選手632名を対象にしたアンケート調査の結果[56]によれば，試合中に受けていわゆる効いた，あるいはKOに至ったパンチによる実際症状としては頭がボーッとする76.2%（429名），足にくる8.5%（48名），意識が一瞬消失した5.7%（32名）など，9割以上が脳震盪関連症状と考えられた．またそれに至ったパンチとしては顎あるいは側頭部に，フック系の，頭部が回転するようなパンチが多かった．オーストラリアにおけるラグビー頭部外傷100症例を映像分析したMcIntoshらの報告[57]でも，やはり側頭部への加撃によるものが61例と最も多く，外傷発生時の平均移動速度および衝撃エネルギーはそれぞれ4m/sおよび56Jであったと推定している．

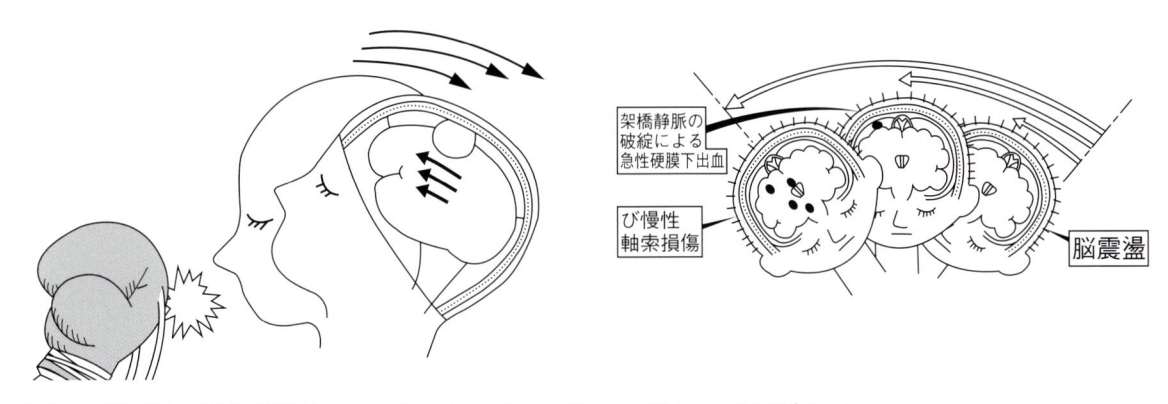

図5 脳震盪の発生機序（イメージ図．日本臨床スポーツ医学会．2001[55]より）

1997年には米国神経学会が特にスポーツにおける脳震盪を「けがによって精神活動が障害されること」と定義し，その特徴を混乱と健忘であり，意識喪失の有無は必須でないと提起した．その上で脳震盪の最新分類（3段階）とガイドラインを提出している[58]．また日本臨床スポーツ医学会学術委員会脳神経外科部会が2001年に頭部外傷の医学的知識と現場での対処法に関する小冊子[55]を発行しているので，参考にされるとよい．その後，特に脳震盪の診断についてSCAT2（自覚症状，記憶，バランステスト）が提唱されており，スポーツの現場での脳震盪の評価法として，世界的に批准されている[59]．

平川[60]は脳震盪を防ぐ術はあるかという点について，以下のように述べている．「スポーツを行う以上，衝突は避けられない．したがって脳震盪を完全に防ぐ術はない．しかし脳震盪を軽くすることは可能である．重要なものとして装具，とくに防御具の開発がある．ヘルメットがこれに当たる．行き過ぎると，装具のために却って障害が増す．根本的には，ルールの改正が役立つ．さらに衝突に耐えうる身体作りは大前提である．」

なお川原[61]は具体的な頭部外傷予防のポイントを次のように上げている．

> ＜頭部外傷予防のポイント（川原 貴，1999年[61]による）＞
> 頭部外傷に関する知識をもつ
> コンタクトの時に頭を上げ，頭から当たらない
> 体力トレーニング，とくに頸の筋力を鍛える
> 健康管理，とくに頭痛のチェック

10. MGの具備要件

MGの具備すべき要件として，以下の事項が挙げられる[13, 25, 35, 37, 62, 63]．

> （1）歯および歯周組織によく適合し，歯と上下顎に加わる衝撃を十分に吸収分散する
> （2）発声，呼吸など口腔諸機能を妨げず，競技に集中できる
> （3）着脱が容易で，競技中に脱落しない
> （4）人体への為害性がなく，不快な味・臭いがしない
> （5）耐久性に優れる
> （6）安価で，比較的製作調整が容易である

11. MGの種類

MGは以下の3種に大類される[5, 13, 25, 35, 37, 62-65].

（1）ストック MG
スポーツ用品店等で購入可能な市販MGのうち，調整不可能な既製MG

（2）マウスフォームド MG
スポーツ用品店等で購入可能な市販MGのうち，選手が適宜調整して使用する半既製MG
①Boil & Bite（温湯加熱型）
②Shell & Liner（2層構造型）

（3）カスタムメイドMG
競技者個々の歯列模型上で製作されるMG
①ロストワックス法
②シート圧接法

（1）ストック MG

既製MG．スポーツ用品店等で購入可能な市販MGのうち，調整不可能なMG（図6）．装着感はもとより，歯列への適合性は相当悪い．使用時の発語や呼吸は相当妨げられる．また，口腔内に保持するためにMGを噛みしめていなければならず，閉口筋の緊張や疲労などをしばしば経験する．

図6：ストックMG

（2）マウスフォームド・MG

半既製MG．スポーツ用品店等で購入可能な市販MGのうち，選手が適宜調整して使用するMG（図7～9）．温湯中で軟化して適合させるBoil & Bite（温湯軟化）タイプと既製MGに内装材を盛り適合させるShell & Liner（二層構造）タイプがあり，各メーカーが様々な工夫・改良を凝らしたものを出している．

図7：マウスフォームドMG（Boil&Biteタイプ）

図8：上下顎一体型マウスフォームドMG（Boil&Biteタイプ）

図9：マウスフォームドMG（Shell&Linerタイプ）

（3）カスタムメイド・MG

　　競技者個々の歯列模型上で製作されるMG．競技種目や特性に応じたMG外形，各部の厚み，咬合関係の付与が可能であり，適合性や快適性に優れる[11, 12, 25, 35, 37, 62, 66-69]．

　　ワックスアップ，埋没，流蠟，材料填入，加熱（重合・加硫）等の過程を経て製作する方式（ロストワックス法）とシート材料を歯列模型に圧接・吸引して製作する方式（シート圧接法）がある．そもそもカスタムメイド・MGはロストワックス法で製作されていた[21, 23, 24, 37, 70]が，米国で高校・大学フットボール選手にMG装着が義務化された1962年以降，歯科医師（会），学校，コーチが協力して市・学区・学校単位で大量のMGを一度に製作提供する必要性が生じたことから，簡便かつ大量製作が容易なシート圧接法が導入され，急速に普及したという．これがいわゆるスクール・MG・プログラム[71]であるが，最近ではプロジェクト・MG[72]とも呼称されている．

12. 市販の既製MGの問題点と対応

　ストックおよびマウスフォームド・MGといった市販MGは安価であることと入手しやすいことが長所であるが，選手自身による適切な調整を期待することは困難であるといわざるを得ない[73,74]（図10）．

図10：野球選手が使用していたマウスフォームド・MG（Boil & Biteタイプ）

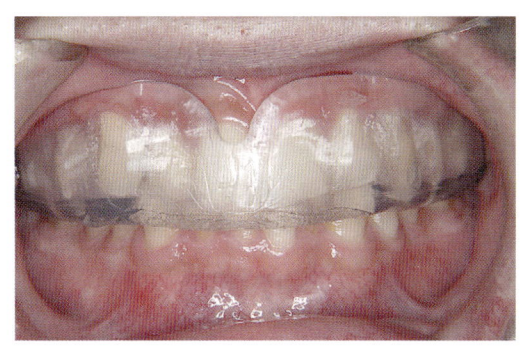

やや正中が右側にずれてMG成形
を行ったために，上唇小帯の圧迫が認められる．

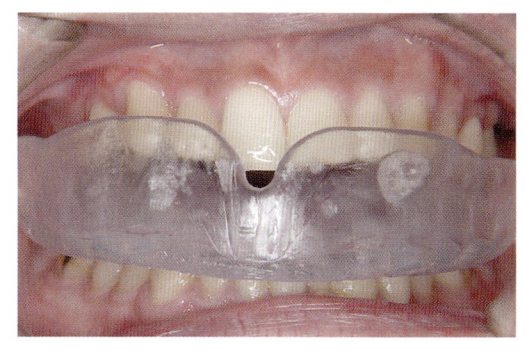

開口時には維持力不足で，落下してくる．

　既製MGに対する不快感や呼吸・発音障害を訴える選手は相当に多く，結局使用を中断してしまう者も少なくない[75]．しかし，マウスフォームド・MGも十分な衝撃吸収・分散能を有する材料で作られており，その存在を否定するべきではない．例えば，海外遠征中にせっかく作ってもらったカスタムメイド・MGを紛失してしまった，予備のMGは持っていない，あるいは持ってこなかった．さあどうしよう，そんな時の応急MGとして，やはり市販の既製MGは有用であろう．上手く形態修整すれば十分な防護機能を発揮するし，それなりの快適性も保たれる．そのためにも選手向けに適切なMG成形調整法を教育指導する講習会を開催するべきである．

　ただ不適合なマウスフォームド・MGの使用による線維腫発生の症例報告[76]や誤嚥事故報告[77]も散見されることから，カスタムメイド・MGを使用することが望まれる。カスタムメイド・MGに対する経済的負担を軽減する意味では，歯科医師による市販MG成形作業の代行サービスも考えられる（図11）．

　　＜既製MGの形態調整のポイント＞

　　（1）歯と歯ぐきにぴったりと合わせて，落ちてこないようにする
　　（2）唇頰側の厚みは3mm確保する
　　（3）前歯だけでなく，奥歯もしっかりとカバーする
　　（4）噛み合わせにも気を配り，安定させる

図11：市販マウスフォームド・MG（Boil & Biteタイプ）の調整

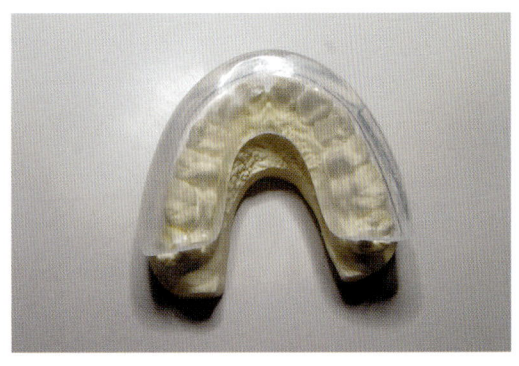

①作業用模型に市販MGを合わせ、後縁や辺縁が長ければ、あらかじめはさみで調整しておく

②市販MGを熱湯に入れて軟化させる

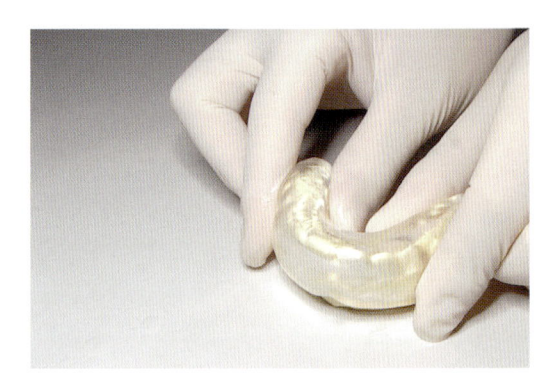

③軟化した市販MGを作業模型によく適合させ，形態修正する

13. MGの材料・材質

　世界最古のMGはガッタパーチャ製だったようである[21, 22]が，カスタムメイド・MGに用いられる熱可塑性弾性材料としては，エチレン－酢酸ビニル共重合体（ethylene-vinyl acetate copolymer, EVA），ポリオレフィン（polyolefin, PO），塩化ポリビニル，ポリウレタン，天然ラバー，シリコンラバー，ソフトアクリリックレジン，ハイブラー，ポリオレフィン－ポリスチレン・ブロック共重合体などがある．**表3**に我が国で入手可能なMG材料および成形器の一覧を示す．

表3：マウスガード材料および成型器一覧（2014年3月現在）
①マウスガードシート

商品名	材質	取扱会社	製造元	シート形状
MG21	ポリオレフィン	ライテック	シージーケー	角型／丸型
インパクトガード	ポリオレフィン・ポリスチレンブロック共重合体	ジーシー	ジーシー	角型
バイオプラスト バイオプラストカラー バイオプラストマルチカラー	EVA	モリタ	ショイデンタル（ドイツ）	丸型
キャプチャーシート キャプチャーシートプロ	EVA ポリオレフィン	松風	松風	角型
エルコフレックス カラーマウスガード カラーマウスガードマルチカラー カラーマウスガードフリースタイル	EVA	スマートプラクティスジャパン	エルコデント（ドイツ）	丸型
ドゥルフォソフトクリア ドゥルフォソフトカラー ドゥルフォソフトビカラー ドゥルフォソフトトリカラー ドゥルフォソフトプロ	EVA	リンカイ	ドレーブ（ドイツ）	丸型
ジスクマウスガード（Proform） ジスクマウスガードカラー ジスクマウスガードカラーミックス ジスクマウスガードハード	EVA	山八歯材工業／フィード	キーストーン工業（米国）	角型
スポーツマウスガード ドゥ・スポーツガード（Proform） ドゥ・スポーツファンガード ドゥ・スポーツグリッターガード	EVA	名南歯科貿易		角型／丸型 角型／丸型 角型 角型
マウスガード材 マウスガード材PO	EVA ポリオレフィン	大榮歯科産業	シージーケー	丸型 角型

②マウスガード成型器

商品名	成型方式	取扱会社	製造元
プロフォーム	吸引式	ジーシー	キーストーン工業（米国）
バキュームフォーマー EV2	吸引式	モリタ	3A メディス（米国）
ミニスター S	加圧式		ジョイデンタル（ドイツ）
ミニスター S scan	加圧式		
ツインスター V	吸引式		
ツインスター P	加圧式		
モデルキャプチャー	吸引／加圧式	松風	松風
バキュームアダプターI型	吸引式	山八歯材工業／名南歯科貿易	キーストーン工業（米国）
エアーバック XQ	吸引式	山八歯材工業	キーストーン工業（米国）
エルコフォーム 3D	改良型吸引式（オプション:対合歯圧痕成形器）	スマートプラクティスジャパン	エルコデント（ドイツ）
エルコプレス 300Tp	加圧式		
エルコプレス 300Tp-ci	加圧式（コンプレッサー内臓）		
ドゥルフォマットスキャン	加圧式	リンカイ	ドレーブ（ドイツ）
ウルトラバックバキュームフォーマー	吸引式	ウルトラデントジャパン／ケーオーデンタル	ウルトラデント（米国）
デュアルフォーマー	吸引／加圧式	大榮歯科産業	大榮歯科産業

　なかでもエチレン酢酸ビニル（EVA）とポリオレフィン（PO）を主成分とした材料が高評であり，以下に解説を加える。EVA系材料とポリオレフィン系材料の主要物性データは**表4**のとおりである．このデータからEVA系材料とポリオレフィン系材料のハードタイプの物性がほぼ同等であることがわかる．

表4：ポリオレフィン系材料とEVA系材料の主要物性データ（モルテンメディカル社資料）

材　料　名	硬度(JIS-A)	引裂き強さ(N/mm)	引張り強さ(N/cm2)	伸び(%)
ポリオレフィン（PO）				
Hard	82	60.4	2190	840
Regular	76	44.1	1240	92
Soft	72	34.0	838	980
ニチレン酢酸ビニル（EVA）	81	48.1	1871	840

表5：2層ラミネート・MG試料片の剥離試験結果（Uenoら2002[78]）

材　　　料	剥離強度（N/25mm）
EVA 1	26.6±2.94
EVA 2	60.4±3.87
EVA 3	67.9±3.23
ポリオレフィン（PO）	178以上

（試料数：各3，寸法：25×60mm，接着面積：25×30mm，表面処理：なし，接着剤：未使用）

（1）エチレン酢酸ビニル（EVA）系材料

　エチレン（硬質ブロック）と酢酸ビニル（軟質ブロック）の共重合体．常温では一定弾性体であるが，温度上昇に伴い，エチレンが溶け，成型可能な状態に変化する．ゴムに比べて，軽量・透明であり，耐オゾン性がよく，無毒である．酢酸ビニル含有量が多ければ多いほど柔軟性が増し，融点が低くなり，接着性がよくなる。酢酸ビニル含有量の少ないものは耐薬品性に優れているが，酢酸ビニル含有量が多くなれば芳香族系，塩化炭化水素に溶け，油類におかされる．現在入手可能なMG用弾性材料の多くがEVA系であり，酢酸ビニル含有量はおよそ20〜30％程度である．なおラミネート成形加工時には接着剤を併用することが推奨されている．

（2）ポリオレフィン（PO）系材料

　化学的に安定し，無味無臭．主成分のポリオレフィンおよび着色用顔料に環境ホルモンは一切含まれておらず，生体への安全性は高い．特に加熱溶着性に優れ，ラミネート成形加工時に接着剤は不要である．最近ではラミネート・MGが主流となっていることから，積層加工時の接着性が高いことが望まれるが，既に2層ラミネート・ポリオレフィン系材試料の剥離強度はEVA系材のそれより極めて高いことが報告されている[78]（**表5**）．さらに吸水性はほぼゼロであり，水中で安定した物性を示すことから[79, 80]，口腔内環境下においても材料安定性は十分高いと考えられる（**図12**）．

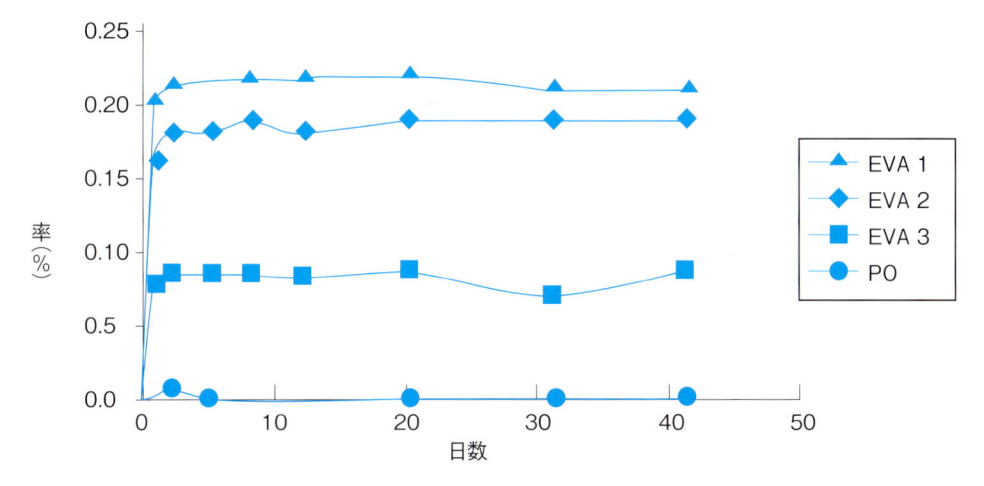

図12：ポリオレフィン系材料と3種EVA系材料の吸水試験結果（37℃水浸漬）（Uenoら，2002[78]）

第1章 参考文献

1) 小川清久ら：スポーツ外傷・障害の発生機序と予防対策．図説整形外科診断治療講座　第17巻　スポーツ外傷・障害．メジカルビュー社，東京，1990，10-17．
2) 東京大学身体運動科学研究室（編）：教養としてのスポーツ・身体運動．東京大学出版会，東京，2000，107．
3) 高沢晴夫：スポーツ障害の予防．整形外科MOOK　スポーツ障害　27：26-31，1983．
4) 中嶋寛之：スポーツ外傷・障害とは．図説整形外科診断治療講座　第17巻　スポーツ外傷・障害．メジカルビュー社，東京，1990，2-9．
5) Powers JM, et al.: ADA Bureau of Health Education and Audiovisual Services, Council on Dental Materials, Instruments, and Equipment: Mouth protectors and sports team dentists. JADA 109: 84-87, 1984.
6) ADA Council on Access, Prevention and International Relation; ADA Council on Scientific Affairs: Using mouthguards to reduce the incidence and severity of sports-related oral injuries. JADA 137: 1712-1720, 2006.
7) The Nomenclature Committee of the Academy of Prosthodontics: The Glossary of Prosthodontic terms (7th ed.). J Prosthet Dent 81: 39-110, 1999.
8) Stedman's Medical Dictionary (27th ed.). Lippincott Williams & Wilkins, Baltimore, 2000.
9) ステッドマン医学大辞典（改訂第5版）．メジカルビュー社，東京，2002．
10) Heinemann Dental Dictionary (4th ed.). Butterworth-Heinemann, Oxford, 1997.
11) Concise illustrated dental dictionary (2nd ed.). Wright, Oxford, 1994.
12) FDI World Dental Federation: FDI policy statement-sports mouthguards-. http://www.fdiworldental.org/media/11363/Sports-mouthguards-2008.pdf#search='FDI+sports+mouthguard'
13) 大山喬史，石上恵一，石島　勉，谷口　尚（編）：スポーツ歯学の臨床．医学情報社，東京，1998．
14) 上野　正，伊藤秀夫（監修）：最新口腔外科学〔総論〕，第3版．医歯薬出版，東京，1986．
15) Gutmann JL and Gutmann MSE: Cause, incidence, and prevention of trauma to teeth. Dental Clinics of North America 39(1): 1-13, 1995.
16) スポーツ安全協会：スポーツ等活動中の傷害調査17．1999．
17) 吉田幸夫：重症ボクシング外傷．災害医学9：231 - 238，1966．
18) 天笠光雄：顎顔面領域のスポーツ外傷について．日本臨床スポーツ医学会誌10：217-227，2002．
19) 日本体育・学校健康センター学校安全部：平成14年度学校安全・災害共済給付ガイド．2002．
20) 日本スポーツ振興センター：学校の管理下の死亡・障害事例と事故防止の留意点／平成24年度版．2013，112．
21) Reed Jr. RV: Origin and early history of the dental mouthpiece. Br Dent J 176: 478-480, 1994.
22) McCrory　P：Do mouthguards prevent concussion? Br J Sports Med 35：81-82, 2001.
23) 大久保信一ら：マウス・ピースの歯科学的研究（第1報　形態，材料，調製法について）．歯科学報60：325-328，1960．
24) 武井　泰，牧　功：わが国におけるマウスピースの現状とその試作．日本歯科医師会雑誌19：193-197，1968．
25) 日本スポーツ歯科医学会（編）：スポーツ歯科臨床マニュアル．医学情報社，東京，2007．
26) 日本ラグビーフットボール協会：高等学校の試合におけるマウスガード装着の義務化について（2006年通達）．http://www.rugby-japan.jp/news/2006/id2326.html
27) 日本ラグビーフットボール協会：平成20年度（2008-2009）U-15ジュニアラグビー競技規則改定について．http://www.rugby-japan.jp/laws/2008/0808_u15.html
28) 日本ラグビーフットボール協会：U15ジュニアラグビー競技規則（2010 - 2011）に関する改訂(通達)．http://www.rugby-japan.jp/laws/2011/1103_ruling.html
29) 日本ラグビーフットボール協会：U-15ジュニアラグビー・中学生選手服装規程．http://www.rugby-japan.jp/laws/2012/img/u15/U-15clothing.pdf
30) 日本ラグビーフットボール協会：U-12ミニラグビー競技規則・タグラグビー競技規則の改訂等について（2012

年通達）．http://www.rugby-japan.jp/laws/2012/1208_0824_minitag.html
31) Ranalli DN: Prevention of sports-related traumatic dental injuries. Dental Clinics of North America 44(1): 35-51, 2000.
32) Metha NR, et al.: Different effects of nocturnal parafunction on the masticatory system: The weak link theory. J Craniomanib Pract 18: 280-285, 2000.
33) McNeill C (ed.): Craniomandibular disorders: guidelines for evaluation, diagnosis, and management / the American Academy of Craniomandibular Disorders. Quintessence Publishing Co, Ink, Chicago, 1990.
34) Okeson JP: Management of temporomandibular disorders and occlusion (3rd ed.). Mosby-Year Book, Inc, St. Louis, 1993.
35) 大山喬史：スポーツとカスタムメイドマウスガード．佐々木次郎ら（編），続歯科医の知っておきたい医学常識95選．デンタルダイヤモンド社，東京，1992, 174-175.
36) 大久保信一ら：マウスピースの歯科学的研究 第Ⅱ報 其の応用について．大日本歯科医学会雑誌 3(1)：65-71，1961.
37) 外川 正, かおる やまもと：Sportsmedicine Express 2. マウスガード．ブックハウス・エイチディ，東京，1990.
38) Chapman PJ: The prevalence of orofacial injuries and use of mouthguards in rugby union. Austr Dent J 30: 364-367, 1985.
39) Groubran GF: Maxillofacial injuries in sport. In Harries M, et al. (ed.) Oxford Textbook of Sports Medicine (2nd Ed.). Oxford University Press, Oxford, pp853-862, 1998.
40) Schwartz R and Novich MM: The athlete's mouthpiece. Am J Sports Med 8: 357-359, 1980.
41) Smith SD: Adjusting mouthguards kinesiologically in professional football players. NY State Dent J 48: 298-301, 1982.
42) Williams MO, et al.: The effect of mandibular position on appendage muscle strength. J Prosthet Dent 49: 560-567, 1983.
43) Sane J and Ylipaavalniemi P: Dental trauma in contact team sports. Endod Dent Traumatol 4: 164-169, 1988.
44) Quarrie KL, et al. : An evaluation of mouthguard requirements and dental injuries in New Zealand rugby union. Br J Sports Med 39:650-654, 2005.
45) Stenger JM : Physiologic dentistry with Notre Dame athletes. Basal Facts 2: 8-18, 1977.
46) Hickey JC, et al.: The relation of mouth protectors to cranial pressure and deformation. JADA 74: 735-740, 1967.
47) Barth JT, et al.: Management of sports-related concussions. Dental Clinics of North America 44(1): 67-83, 2000.
48) Labella CR, et al.: Effect of mouthguards on dental injuries and concussions in college basketball. Med Sci Sports Exerc 34: 41-44, 2002.
49) Piccininni PM: Mouthguards and concussion prevention. International symposium on concussion in sport (abstract). Br J Sports Med 35: 367-377, 2001.
50) Biasca N, et al.: The avoidability of head and neck injuries in ice hockey: an historical review. Br J Sport Med 36: 410-427, 2002.
51) Collins MW, et al.: Relationship between concussion and neuropsychological performance in college football players. JAMA 282: 964-970, 1999.
52) Master J, et al.: Chronic traumatic brain injury in professional soccer players. Neurology 51: 791-796, 1998.
53) 山下俊紀：頭部外傷．黒澤 尚ら（編），スポーツ外傷学－Ⅱ 頭頚部・体幹，医歯薬出版，東京，2000，P6-20.
54) McCrory PR: Brain injury and heading in soccer. BMJ 327: 351-352, 2003.
55) 日本臨床スポーツ医学会学術委員会脳神経外科部会：頭部外傷10ヶ条の提言．小学館スクエア，東京，2001.

56) 谷　諭ら：プロボクシングにおけるパンチの影響―全国規模のアンケート調査より―．日本臨床スポーツ医学会誌9：413-416, 2001.
57) McIntosh AS, et al.: The dynamics of concussive head impacts in rugby and Australian rules football. Med Sci Sports Exerc 32: 1980-1984, 2000.
58) 黒澤　尚：コンタクトスポーツにおける頭部外傷に対する現場での対処法．黒澤　尚ら（編），スポーツ外傷学−II 頭頚部・体幹，医歯薬出版，東京，2000，21-24.
59) 日本臨床スポーツ医学会脳神経外科部会：脳震盪の診断に対する提言2012. http://www.rinspo.jp/proposal_20-2_130306.pdf
60) 平川公儀：スポーツにおける「脳震盪」の新しい考え方．臨床スポーツ医学19：601-607, 2002.
61) 川原　貴：アメリカンフットボールにおける頭部外傷対策．臨床スポーツ医学16：279-283, 1999.
62) 大山喬史，上野俊明：スポーツ歯学．日本歯科技工士会（編），歯科技工学臨床研修講座④，医歯薬出版，東京，1998，163-177.
63) Sullivan JA and Anderson SJ (ed.): Care of the young athlete. The American Academy of Orthopedic Surgeons and the American Academy of Pediatrics. 2000.
64) Kumamoto DP: Sports dentistry. Compend Contin Educ Dent 14: 492-502, 1993.
65) Wei SH: Prevention of injuries to anterior teeth. Int Dent J 24: 30-49, 1974.
66) ADA Bureau of Dental Health Education: Mouth protectors for football players; the dentist's role. JADA 64: 419-421, 1962.
67) DeYoung AK, et al.: Comparing comfort and wearability: custom-made vs. self-adapted mouthguards. JADA 125: 1112-1118, 1994.
68) Ueno T, et al.: Recommendation of custom-made mouthguards to high school boxers. J Sports Dent 4: 1-6, 2001.
69) 前田芳信：スポーツマウスガード；安井利一，杉山義祥（編），スポーツ歯科入門ハンドブック．医学情報社，東京，2009，39-45.
70) Cathcart JF: Mouth protectors for contact sports. Dental Digest 57(8): 346-348, 1951.
71) Sherman G and Schoen G: A guide to mouth protector programs. NY State Dent J 28: 208-210, 1962.
72) Kumamoto DP, et al.: Project mouthguard: A survey of Illinois dentist's attitudes on mouthguards. Academy for Sports Dentistry Newsletter 15: 8-11, 1999.
73) Kuebker W and Morrow R: Do mouth-formed mouth guards meet the NCCA rules? Phys Sportsmed 14: 69-74, 1986.
74) Park JB, et al.: Improving mouth guards. J Prosthet Dent 72: 373-380, 1994.
75) 隅田陽介ら：大学・社会人ラグビー選手の歯科保健とマウスガード使用状況．スポーツ歯学　5：30-36, 2002.
76) Schmidtke ME, et al.: An inflammatory fibroma of the gingival secondary to a poorly fitting athletic mouth protector. Phys Sportsmed 14: 85-88, 1986.
77) Newsome PRH, et al: The role of the mouthguard in the prevention of sports-related dental injuries: a review. Int J Paediatric Dent 11: 396-404, 2001.
78) Ueno T, et al.: New polyolefin sheet material for athletic mouthguard. In abstract book of 6th IOC World Congress on Sport Sciences. Med Sci Sports Exerc 34(Suppl): #85, 2002.
79) 高橋英和：マウスガード用材料の物性について．日本歯科医師会器材検討委員会・平成18年度歯科器材委託研究報告書，2007年．
80) Ihara C, et al: Bonding durability of custom-made mouthpiece for scuba diving after water storage under pressure. Dent Materials J 28: 487-492, 2009.

2章 カスタムメイド マウスガードの臨床

1. 診査・診断・前処置

　MGを製作提供する上で，齲蝕，歯肉炎，智歯周囲炎を始めとした歯科疾患に対する適切な治療は原則終了しているべきである．また外傷既往のある者が再度受傷する確率は4〜30%と報告されている[1]．したがって，歯の外傷既往がある者については受傷歴および治療歴を十分に問診，精査し，不良修復物や補綴物が認められる場合には適宜治療を行った上で，MGを提供することが望ましい．

　すでに過剰なオーバージェット（前歯突出）と口唇による歯の被覆不足（短口唇）の2つが歯の外傷のリスクファクターであること，そして前突歯を有する子供の外傷発生頻度は正常咬合を有する子供の約2倍であることが明らかとなっている[1]．なおForsberg and Tedestamは受傷予測因子のオーバージェットのしきい値は4mm以上であると示唆している[2]．したがって，不正咬合者に対しては歯科的問題点そのものとスポーツ外傷発生のリスクなどをよく説明し，歯科矯正治療による本質的なリスクマネージメントを推奨すべきである．

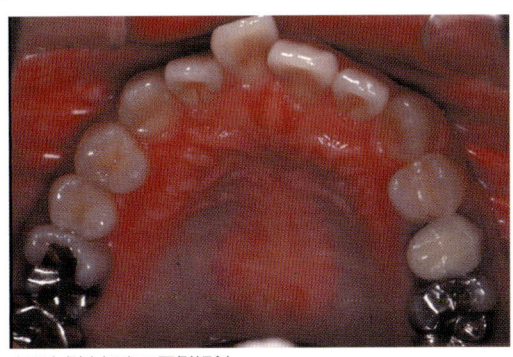

上顎右側中切歯の唇側傾斜

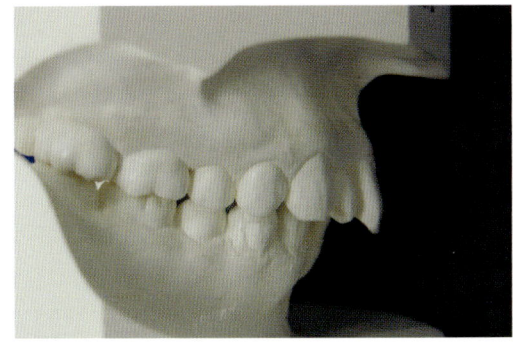

上顎前突

2. 印象採得

　残存歯の正確な印象はもちろんのこと，口腔前庭部もきっちり印象採得する．
　印象採得はカスタムメイド・MG製作の第一ステップであり，かつ最も大切なステップである．歯面清掃を行った上で，既製トレーとアルジネート印象材を用いて，歯(列)，歯周組織，小帯および歯肉頬移行部を正確に採得する．小帯および歯肉頬移行部を確実に印象採得するために，あらかじめユーティリティーワックスあるいはコンパウンドにてトレー辺縁を修正・形成しておくとよい．

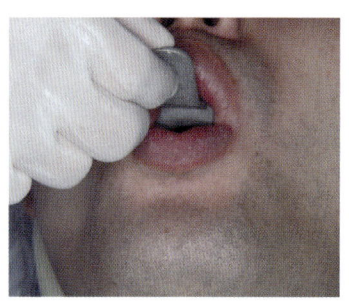

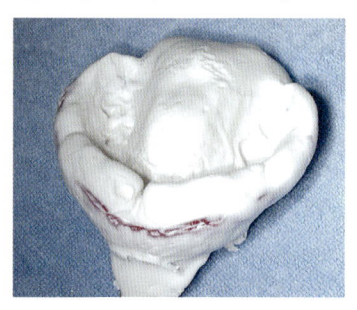

3. 咬合採得

　模型を咬合器装着する上で，少なくとも咬頭嵌合位での咬合採得が必要である．咬合採得材はワックスでもよいが，精度および長期保存耐久性の両観点からシリコーンが望ましい．また咬合挙上量設定の参考とするために，バイトゲージなどにて安静空隙量の診査も行っておくとよい．

4. 作業模型製作

> ●マウスガード用作業模型のための石膏として普通石膏は不向きである
> ・シート圧接法
> 　①吸引成形法　　→　　硬石膏
> 　②加圧成形法　　→　　硬石膏(高圧成型器使用時には超硬石膏がよい)
> ・ロストワックス法　→　　超硬石膏

　印象採得後は速やかに硬質石膏(硬石膏あるいは超硬石膏)を注入して作業模型を製作する．
　MG製作用作業模型のための石膏選びのポイントとして，普通石膏は通気性に優れているが，表面性状は粗く，強度も弱い[3]．長期保存性の点でも不安があるので，不向きである．義歯の場合とは異なって，MG内面は仕上げ研磨を施すことができない．それ故に模型表面が滑沢であることが求められる．また，成形操作では吸引成形器で約1気圧，加圧成形器となればそれ以上の圧力が加わるので，十分な模型強度も求められる．さらに，再作に備えて作業模型を保存しておく必要があり，長期保存性も高いことが望ましい．
　結局，シート圧接法の場合には通気性のよい硬石膏(高圧成型器では超硬石膏が望ましい)を，ロストワックス法の場合には模型強度の高い超硬石膏を選択するとよい．

5. 咬合器装着

> 平均値咬合器に，スプリットキャスト法で，模型装着する

　咬合採得記録材料(ワックスあるいはシリコーン)をもとに，通法に従って，上下顎石膏模型を咬合器に装着する．作業模型は技工効率の向上のためにスプリットキャスト法にて装着する．通例，平均値咬合器で十分であるが，顎機能障害が認められる症例などでは調節性咬合器を用いるほうがよい．なお，技工の一過程として咬合調整を行うので，平線咬合器(蝶番咬合器)は推奨しない．
　また，大量のMGを一度に製作する場合などでは，模型の保持様式がマグネット式の咬合器が便利である．1個ないし2個の咬合器さえ用意すれば，順次模型を入れ替えながら，効率的に技工操作を進めることができる．

6. MGの設計の要点

<外　　形>　唇　頬　側：歯肉唇頬移行部から2〜4mm短い位置
　　　　　　口蓋(舌)側：歯頸部を僅かに越えた位置
　　　　　　後　方　縁：第二大臼歯遠心

<厚　　み>　前　歯　部：唇側面3〜4mm　　口蓋側面2〜1.5mm
　　　　　　臼　歯　部：頬側面2〜3mm　　舌側面2〜1.5mm

<咬合挙上量>　前歯部3mm．安静空隙を大きく越えない

<MGの設計模式図>一般コンタクトスポーツ選手用カスタムメイド・MGをダブルラミネーション法にて製作する場合の設計模式図であり，青色部分は一層目(内層)の外形であり，グレー部分が二層目の外形(外層／最終外形)となる．

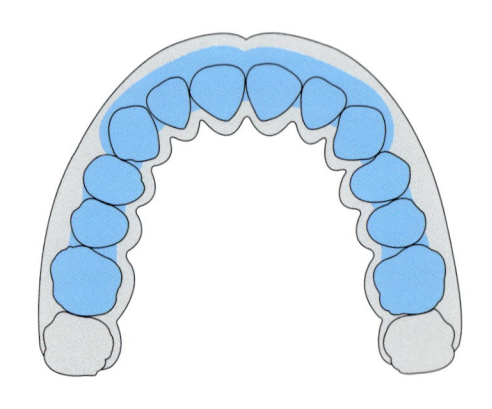

1. 外 形

(1) 唇頬側

　上唇(下唇)および頬小帯を十分に避け，歯肉唇頬移行部から2〜4mm短い位置．アルジネート印象材では通常歯肉頬移行部を若干押した状態で印象採得される．したがって，歯肉頬移行部最深部に外形線を設けると，完成MGは歯肉唇頬移行部を強く圧迫し，時には傷を作ることもある．

(2) 口蓋(舌)側

　歯頸部を僅かに越えた位置．装着時の快適性を高めるために，また発音・発声機能を障害しないためにも口蓋はできるだけ開放する[4]．

(3) 後縁

第二大臼歯遠心．衝撃力を広く吸収分散させるためにも可及的に全残存歯を被覆すべきである[5]．MG装着時に違和感等を訴えないのであれば，完全萌出している第三大臼歯についても被覆すればよい．後縁をカットオフした小型既製MGの誤嚥事故[6]が報告されており，安易な短縮化は禁物である．

2. 厚み

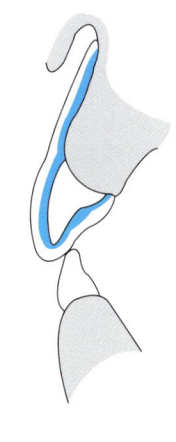

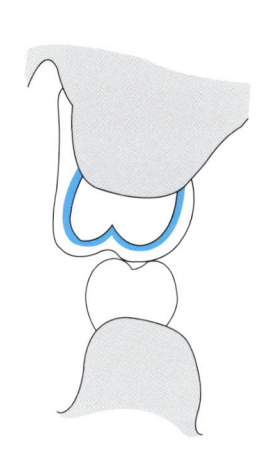

前歯部（断面図）
唇側面：3mm（格闘技では4mm）　口蓋側面：1.5～2mm

臼歯部（断面図）
頬側面：2mm（格闘技では3mm）　舌側面：1.5～2mm

　アメリカンフットボールやラグビー等のコンタクトスポーツでは唇側面3mm，ボクシングや格闘技では唇側面4mmが適当である．1層目に2mm厚シート材，2層目に3mm厚シート材を組み合わせたダブルレイヤー・ラミネーション法で製作すると，およそ唇側面3mmに仕上がる．唇側面4mmにしたい場合には1層目，2層目ともに3mm厚シート材を使う．なお，ジュニア用マウスガードは唇側面2mm，頬側面1.5～2mm，口蓋（舌）側面1.5～2mmで十分であり，3mm厚から4mm厚シート材によるシングルレイヤー法で作製するとよい．

3. 咬合挙上量

咬合挙上量は通例，前歯部3mmとし，安静空隙を大きく越えないように配慮する．

7. シート圧接法（ダブルラミネーション）の技工

1）一般的なサーモフォーミング製法（バキュームフォーマー／プレッシャーフォーマー）

〔作業模型のトリミング〕

> （1）基底面を前歯の歯軸方向と垂直に設定する
> （2）辺縁は歯肉頰移行部ギリギリまで削る
> （3）吸引成形法の場合には，さらに口蓋（あるいは舌口底）部をくり抜く

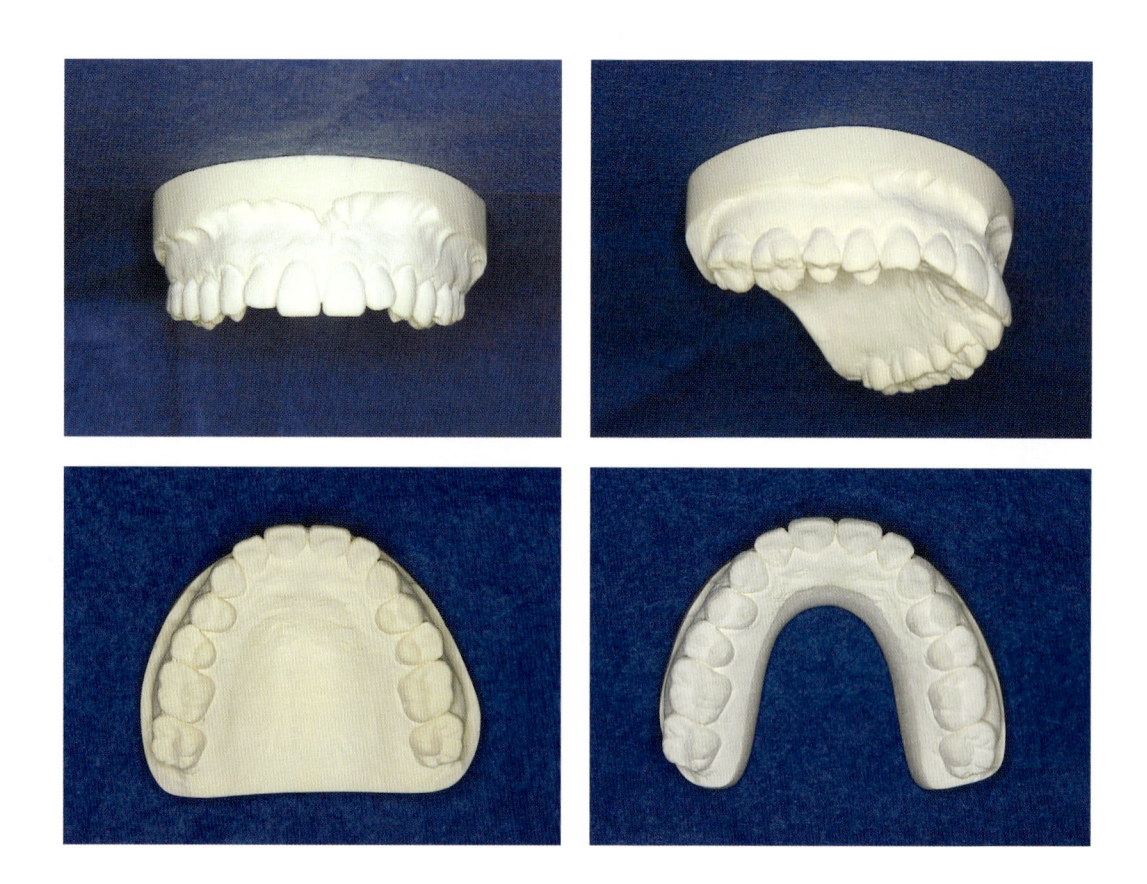

　模型の基底部および辺縁のトリミングを行う．ポイントは基底面を前歯の歯軸方向と垂直に，そして辺縁は歯肉頰移行部ギリギリに設定することである．また，加熱吸引成型器（バキュームフォーマー）を使用する場合には，吸引効率を向上させ，シート材の適合性を確保するために，上顎模型であれば口蓋部分を，下顎模型であれば舌・口底部分を大きくくり抜いて馬蹄形にする．加熱圧接成形器（プレッシャーフォーマー）を用いる場合には，口蓋部あるいは舌・口底部分のトリミングは必要ない．

○シート材圧接（ファーストレイヤー）

> 圧接のタイミングはシート材が約2cm垂れ下がったとき．ただしマウスガード材と成形器の組み合わせによって少しずつ変わる．使用機材の習熟が最も重要なポイントである

＜吸引圧接成形器（プロフォーム・バキュームフォーマー）の場合＞

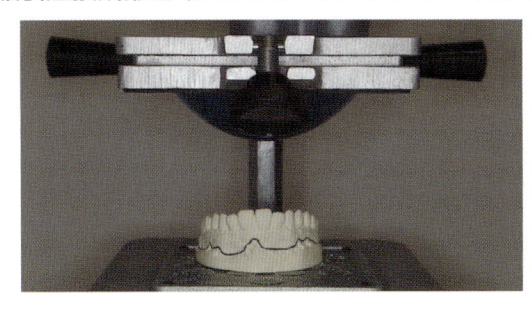

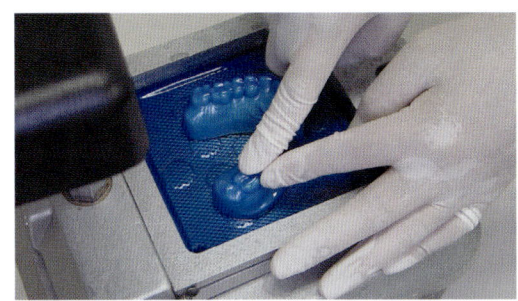

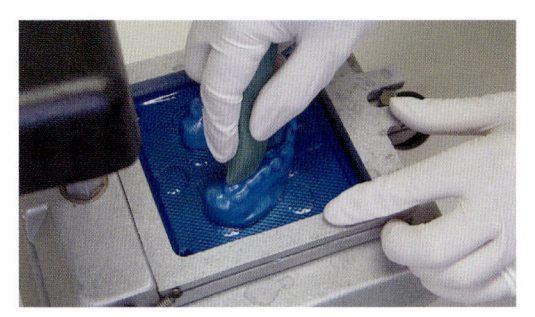

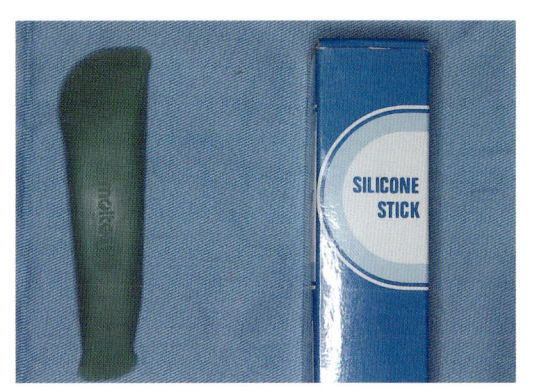

　シート圧接作業時には，作業模型を十分に乾燥させ，常温に保っておくことが重要である[7]．シート材圧接のタイミングとしては，シート材が約2cm垂れ下がった状態を目安としている[8]．このタイミングで圧接すると元の厚みの2分の1から3分の2程度（3mm材ならば約2mm，2mm材ならば約1mm）に仕上がる．ただし，使用機種やプレヒートの状態によって若干異なる．また必要に応じて，手指（手袋着用）やシリコンスティックによる圧接を付加するとより良い適合が得られる．

成功例

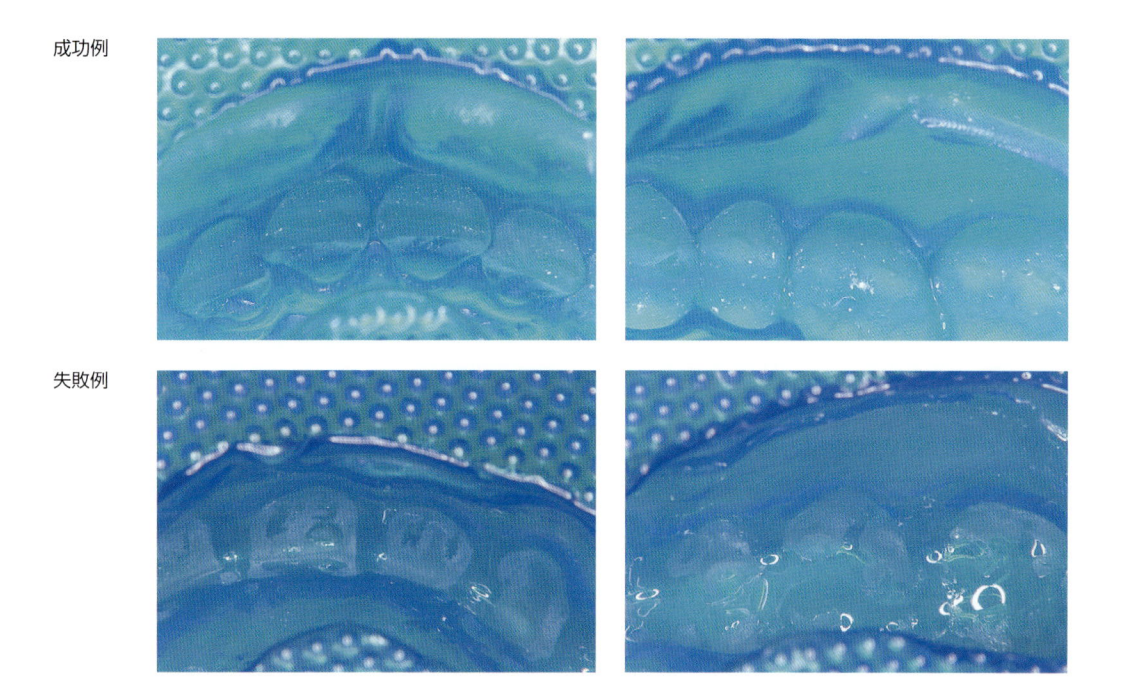

失敗例

<加熱圧接成形器（エルコプレス・プレッシャーフォーマー）の場合＞

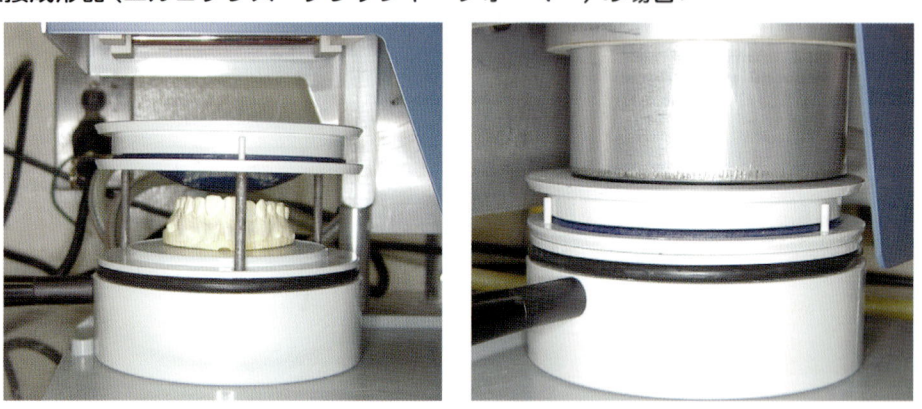

　加熱圧接成形器の場合はMGシート材が模型に接する程度に垂らすとよい．なお，シート加熱時間，圧接時間および減圧時間がプログラム設定できる機種もあるので，その場合にはマニュアルの指示に従う．

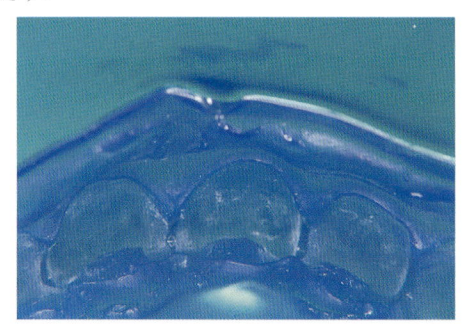

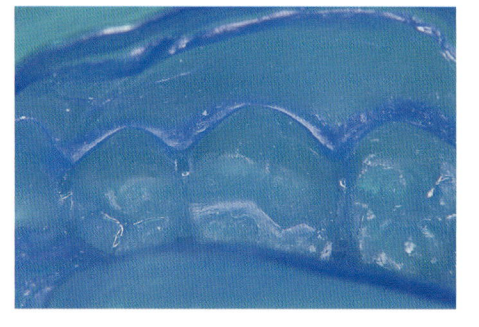

○シート材形態修正（ファーストレイヤー）

> 形態修正はシートが完全に冷却してから行う．作業中の熱変形に十分注意する

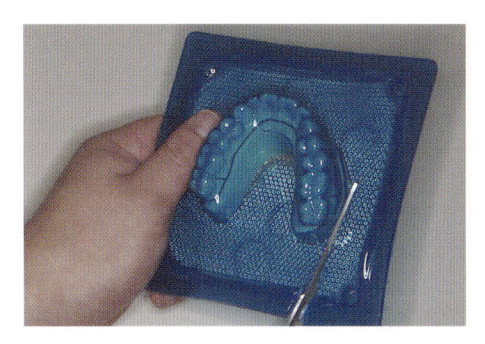

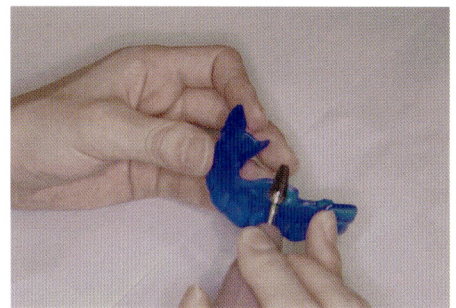

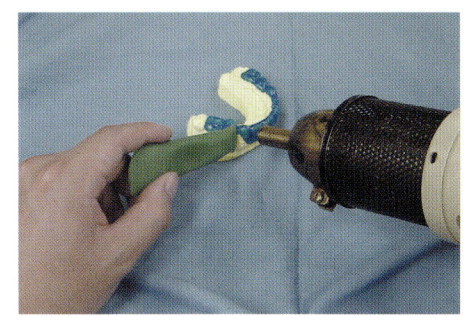

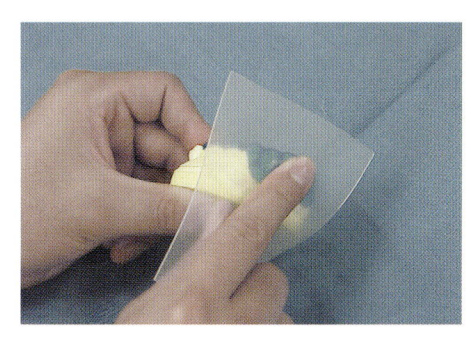

　形態修正はシート材が完全冷却後に行う．水中浸漬やコールドスプレーによる急冷は厳禁であり，自然放冷にて室温まで下がるのを待つ[9, 10]．まずクラフトハサミ等にて大まかに切り抜き，その後，技工用エンジン（カーバイドバー，スチールバー，カーボランダムポイント等）を用いて，細部のトリミングを行う．シート材の熱変形を起こさないように，低〜中速回転で行うのがポイントである．必要に応じて，シリコンスティック等で圧接して，適合を良くする．あるいは軟化したシート材の小片を貼付して，それをスーパーシートで圧接して，形態の修正を行う．

＜ファーストレイヤーの典型的形態＞

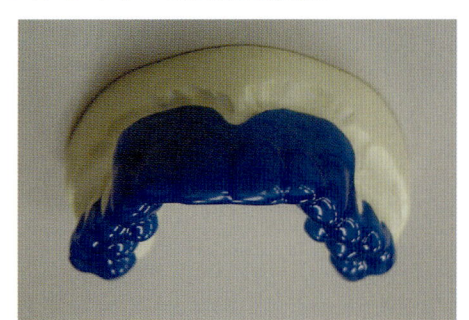

＜一般的コンタクトスポーツ＞

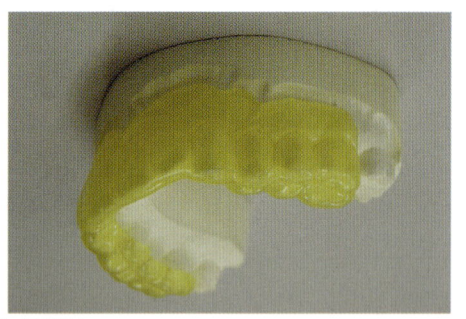

＜ボクシング，格闘技＞

○シート材圧接（セカンドレイヤー）

> セカンドレイヤーシート圧接前に，ファーストレイヤー表面を清拭することを忘れない．必要に応じて，接着剤を塗布する

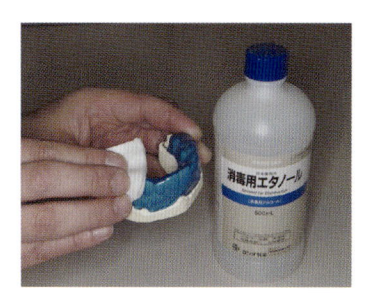

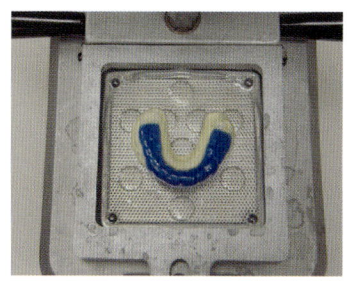

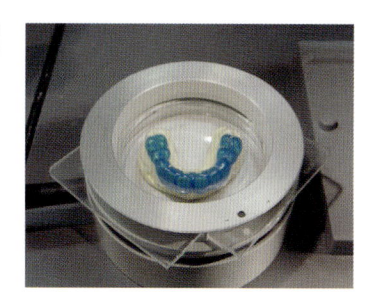

　アルコール脱脂綿でシート表面を清拭し，汚れや皮脂を取り除く．次いで，ファーストレイヤーシート圧接の時と同様の手順で，セカンドレイヤーシートを圧接する．なお，ポリオレフィン系シート材は熱溶着性に優れるため，清拭のみで十分であり，特に有機溶剤による表面処理は必要ない．EVA系シート材の一部には接着剤（有機溶剤）を塗布して，接着力を確保する必要がある場合もある．

○形態修正（セカンドレイヤー）

> ファーストレイヤーの時と同様，形態修正はシートが完全に冷却してから行う．作業中の熱変形にも十分注意する

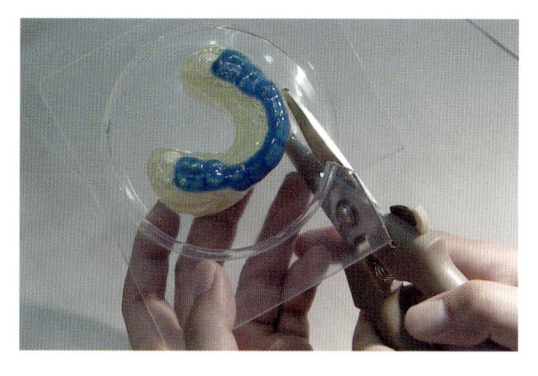

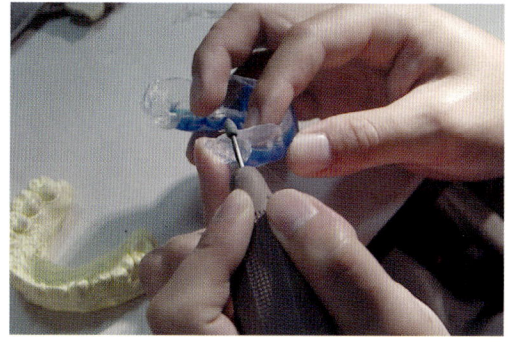

　一層目の時と同様に，完全冷却後に，シート材をクラフトハサミで大まかに切り抜き，技工用エンジン（カーバイドバー，スチールバー，カーボランダムポイント等）を用いて，最終形態に整える．

○咬合調整

対合歯を軽く印記して，全歯均等接触を付与する

　切歯指導釘と切歯指導板との間隙が1mm弱になるまで，咬合器上で咬合紙を用いて，技工用エンジンにて咬合面を削合する．咬合面削合終了後，咬合器上でヒーティングガンを用いてMG咬合面を加熱軟化し，咬合器を閉じて，対合歯を印記する．MGの加熱のし過ぎや圧接時の力の加え過ぎによるMGの変形に注意する．ヒーティングガンの代わりに，トーチバーナーを用いても良いが，火炎による材質の変性・劣化に十分注意すべきである．

○研磨

> 装着感の良否を大きく左右する研磨面は滑沢に仕上げる

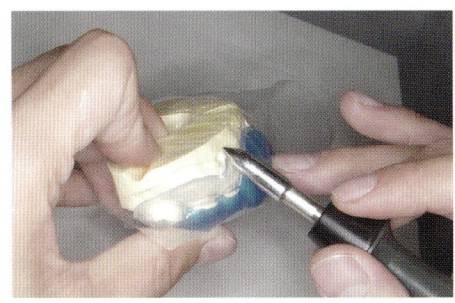

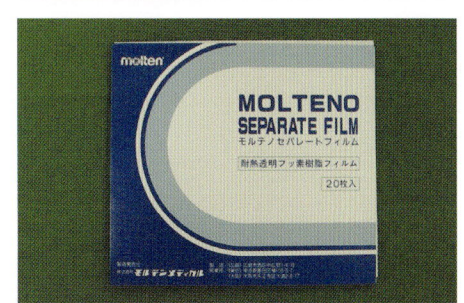

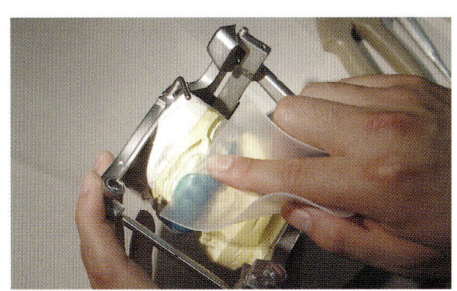

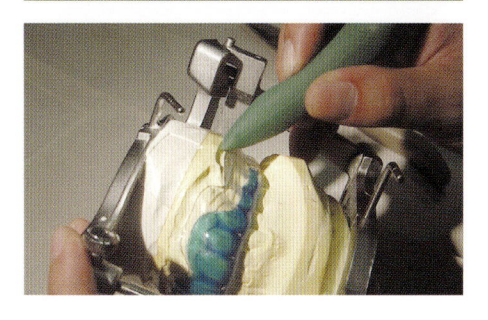

　シリコーンポイントやバフなどで研磨してから，ポリッシングローラー，スーパーシート，シリコンスティック，有機溶剤などで滑沢に仕上げる．ポリッシングローラーには温度調節ツマミがあるので，適当な温度に調節しながら研磨する．その際，セパレートフィルムシートの上からポリッシングローラーをかけると，より光沢のある研磨面に仕上がる．スーパーシートの場合には，ヒーティングガンで表層を軟化してから，スーパーシートで軽く圧接する．いずれにせよ，過熱によるMGの変形には十分注意する．研磨作業はできるだけマウスガードを作業模型に装着した状態で行う．MGを作業模型から外さなければならない時，例えば辺縁研磨の際には，一気に研磨しようとせずに，少し研磨してはMGを作業模型に戻し，冷めるのを待って次の部分を研磨するようにするとよい．

　最近，軟性樹脂専用のウレタン系ポイントや海綿状研磨ホイール，またMG用艶出し剤が市販されるようになってきているので，これらをうまく活用すると，効率のよい研磨作業が行える．

ウレタン系ポイント
（ウレタンビッグ，山八歯材工業）

海綿状研磨ホイール
（リスコ／リスコSホイール，Erkodent）

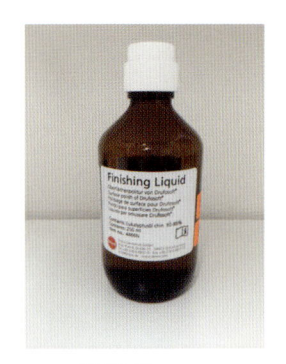

艶出し剤
（フィニッシングリキッド，Dreve）

○完成

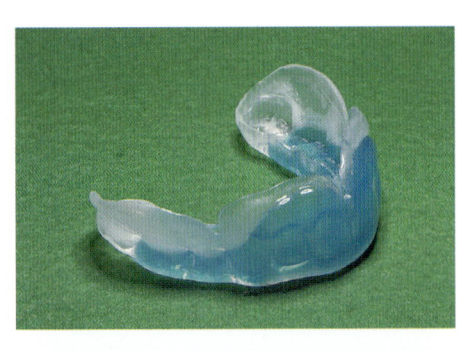

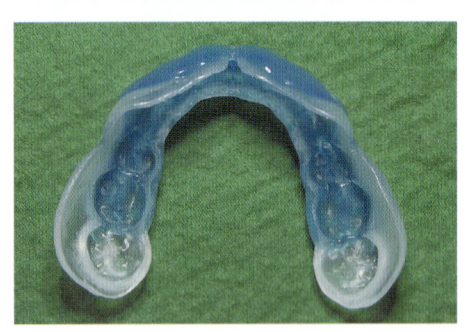

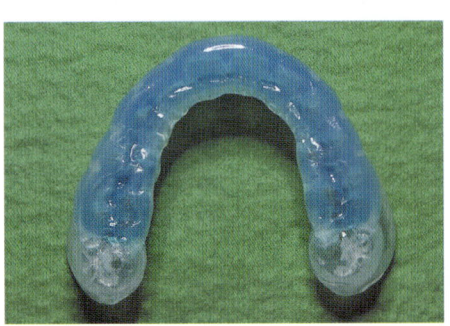

2）改良型サーモフォーミング製法（改良型バキュームフォーマー＆対合歯圧痕付与器付き）

> （1）低騒音型真空ポンプ内蔵で，プレッシャーフォーマーに負けない静粛性と成形力がある
> （2）サーモフォーミングと同時に，対合歯の印記を済ませることができるため，上下顎石膏模型を咬合器に付着する必要がなく，技工作業が簡略化でき，効率的に製作できる

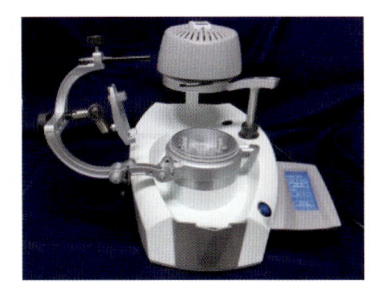

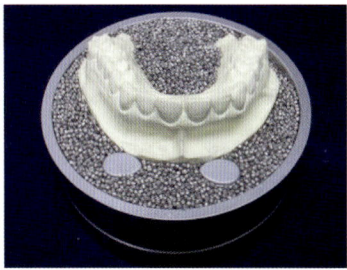

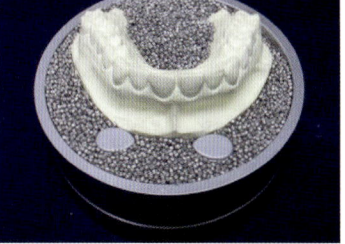

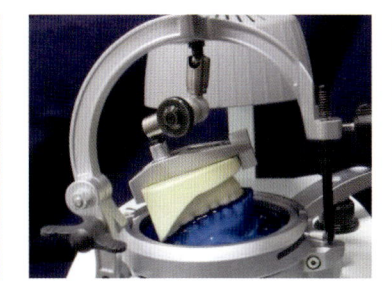

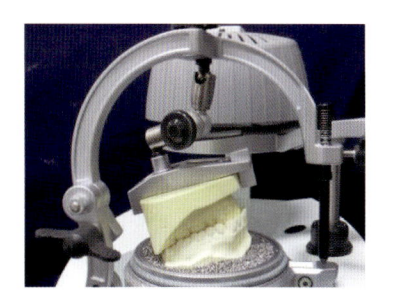

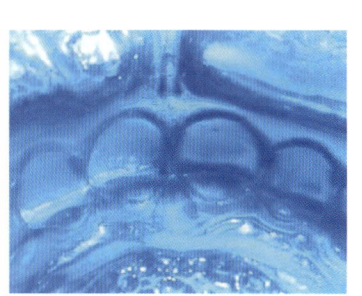

Erkoform-3d (Erkodent)

　改良型バキュームフォーマーも電源のみで作動し，コンプレッサーは不要である．オプションの対合歯圧痕付与器は平均値咬合器と同様の開口度が再現されるように設計されており，操作性も良好である．

　実際の手順は，上顎作業模型を模型ポッド内に固定し，ポッド内のすき間や模型のアンダーカットをメタルペレット（粒状散弾）で埋めて，マシンに設置する．次いで，下顎石膏模型を対合歯圧痕付与器に固定し，上顎作業模型と咬頭嵌合位で噛ませ，インサイザルピンで咬合挙上量を調整したら，準備完了である．

　あとはMGシート材を選択し，タイマープログラムを選定したら，マシンの指示に従って，サーモフォーミングを行えばよい．シート温度は赤外線温度センサーで常に感知されており，至適温度に達したら，開始ブザーが鳴る仕組みとなっている．ブザーが鳴ったら，シート材を作業模型上に下降させると，真空ポンプが自動作動し，吸引が開始される．シート材がまだ温かいうちに間髪入れずに続けて対合歯を圧接すれば，サーモフォーミングと同時に対合歯圧痕が付与される．その後冷却タイマーが自動で作動するので，終了ブザーが鳴るまで待っていればよい．形態修正および研磨は通法通りである（前項参照）．

8. ロストワックス法の技工

> ロストワックス法はカスタムメイド・マウスガード本来の製作法である
> ＜利点＞1. 歯列適合性に優れる
> 　　　　2. 形態付与の自由度が大きい
> ＜欠点＞1. 操作が煩雑である
> 　　　　2. 大量生産しにくい
> 　　　　3. カラフルなマウスガードは作りにくい

　任意の形態にワックスアップして，これをMG用弾性材料に置換して製作する方法である．歯列への適合性は非常に優れ，MG各部の形態や厚みに関する製作者側の意図と選手側の希望をきめ細かく反映することができることから，カスタムメイド・MG本来の製作法である．しかし，技工操作は煩雑であり，所要時間も応分長くなる．当然，チーム単位でまとまった数のMGを一度に大量生産するには不向きである．また，多色化したカラフルなMGは作りにくい．

○作業模型のトリミングおよび咬合器装着

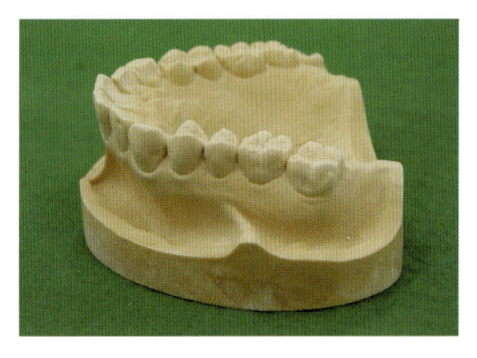

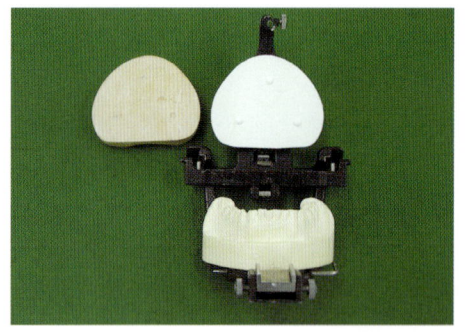

　シート圧接法の場合と異なり，材料填入，加圧，割り出しの技工過程で模型が破損しないように，基底部の厚みは十分に確保しなければならない．また，材料の填入不足や前歯部の石膏破損を避けるために，前歯の歯軸方向をおよそ垂直にして，口腔前庭部のアンダーカットを少なくする．シート圧接法の場合と同様，作業模型をスプリットキャスト法で咬合器装着する．

○ワックスアップ

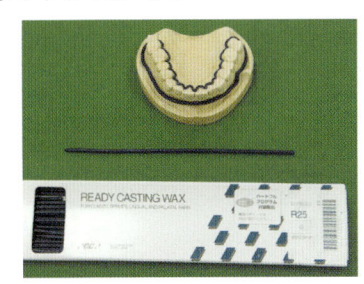

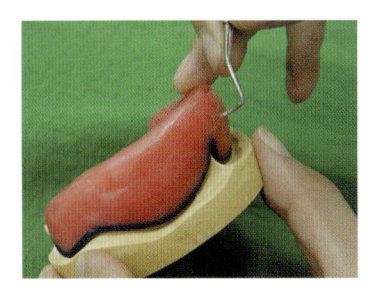

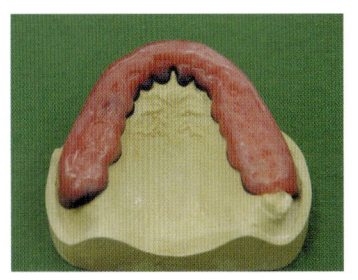

レディーキャスティングワックス（唇頰側：R25，口蓋あるいは舌側：R15）を外形線に沿って焼き付ける．パラフィンワックスを焼き付けてワックスアップする．各部の厚みはポケット探針等で確認する．咬合面部のワックスを軟化して対合歯を印記する．浅い圧痕がつく程度で，全歯均等接触の咬合面形態に仕上げる．また下顎滑走運動時に咬頭干渉がないようにする．咬合面から側面への移行部分は丸みを帯びた形態に仕上げる．最後にワックスアップ表面は石鹸水等で艶出しを行い，完成する．

○埋没および流蝋（脱蝋）

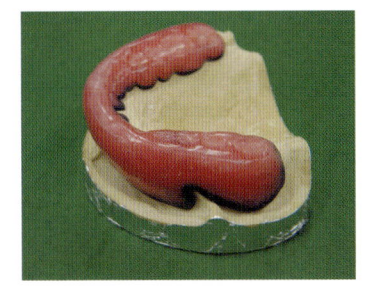

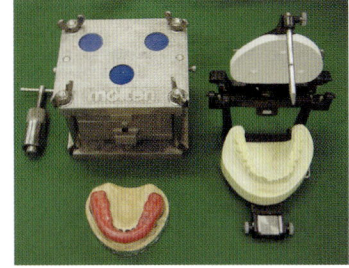

作業模型基底面を錫箔あるいはアルミホイルで被覆保護し，フラスコ埋没する．石膏埋没材の完全硬化後，フラスコを加温し，上盆と下盆を分離し，流蝋（脱蝋）する．石膏埋没材のバリや鋭角部は丁寧に削り取り，石膏分離剤を塗布する．

○材料填入および試圧

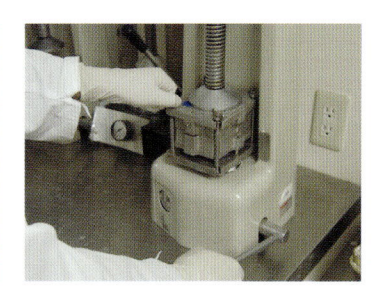

MG材料をヒーティングボックス上で加熱軟化する．ホットプレート表面はテフロン加工が施されているが，セパレートシートフィルムで材料を包んで軟化するほうがよい．マウスガード材料のプレート面への付着，テフロン樹脂剥離片の混入あるいは手指の汚れや皮脂による汚染を回避することができる．非常に熱いMG材を直接触らずに済むので，填入操作自体も容易になる．

材料の軟化を待っている間も，フラスコが冷めないよう，オーブンやヒーティングガン等にて加温し続ける．材料が十分に軟化したら，手早く填入して，セパレートフィルムを介在させてフラスコプレスにて試圧する．材料が冷却・硬化した状態での無理な試圧操作は模型や埋没材の破損を引き起こすので厳禁である．

上下フラスコ間からはみ出た余剰MG材はヒーティングガンで加熱しながらエバンス等で切り取る．ただし材料を加熱し過ぎると，内部から気泡が発生するので注意する．上下フラスコが完全に接触するまで，この試圧操作を繰り返す．最終加圧時にはセパレートフィルムシートを介在させず，スプリング付きのフラスコクランプにて固定する．

○加温処理および割り出し

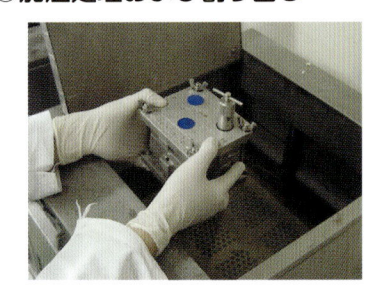

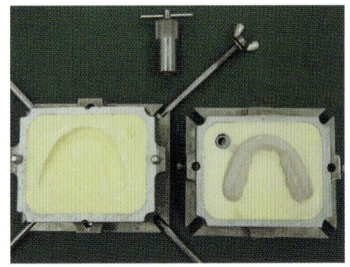

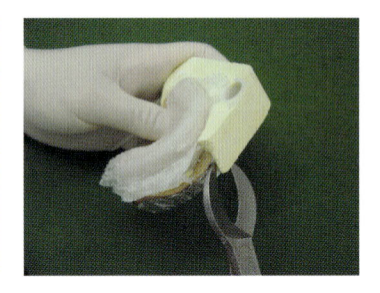

100℃恒温漕にフラスコを約10分浸漬し，MG材料を辺縁の隅々まで行き渡らせる．自然放冷の後，フラスコからMGを作業模型とともに一塊に割り出す．

○形態修正，咬合調整および研磨

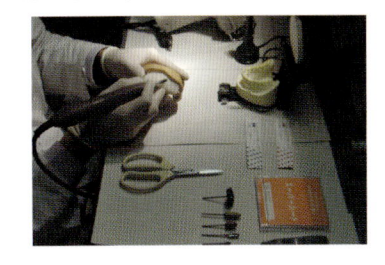

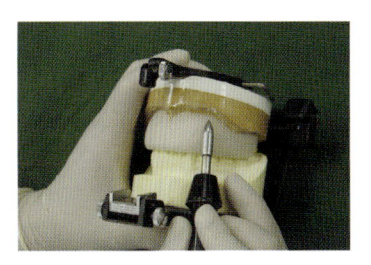

　MGを作業模型から外さない状態で，辺縁部以外の大まかな形態修正を行う．次いで，咬合器に再装着して，咬合器上で咬合調整を行う．咬合調整終了後，MGを作業模型から外して，辺縁部の形態修正を行う．最後に，仕上げ研磨を施し，完成する．

○完成

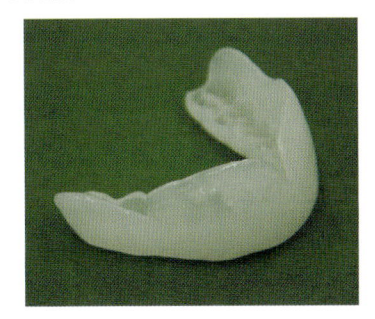

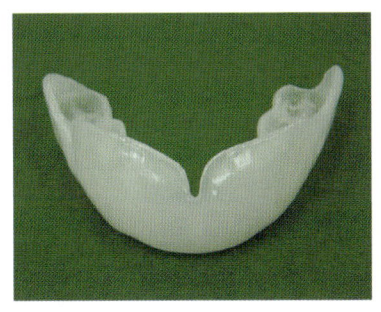

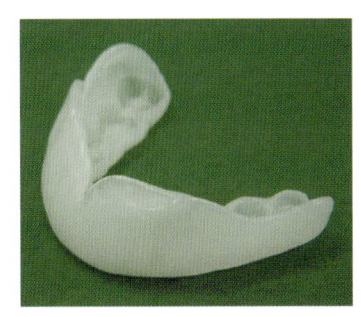

9. 装着およびメインテナンス

[MG装着時の点検事項]

- ●疼痛の発現がないかどうか
- ●咬合に異常がないかどうか
- ●維持力が十分にあるかどうか
- ●審美性に満足しているかどうか

　完成MGを口腔内に装着し，まず疼痛の発現がないことを確認する．次いで，術者による圧接，引張りおよび転覆試験，さらには患者自身による機能運動時に，維持力の確認を行う．特に維持力に問題がなければ，咬合を点検する．軽いタッピング運動を指示して，習慣性開閉口路内で歯列全体が安定して，かつ均等に咬合接触するかどうかを診査する．咬頭嵌合位で異常がなければ，側方運動時の咬頭干渉の有無とその際のMGの動揺を診査する．また咬合挙上量に対する適応も確認する．咬合調整が終わったら，審美性等を診査して，患者が満足したことを確かめて，使用上の注意事項を与えて帰宅させる．

[マウスガードの咬合診査]

　MGの咬合診査は，咬合紙を用いても構わないが，早期接触部位や咬合接触面積の確認がしにくいのが難点である．加えてMG咬合面に付着したインクの清拭にも苦労するので，シリコーン系の咬合採得材や義歯適合試験材（フィットチェッカー）が推奨される[11]．

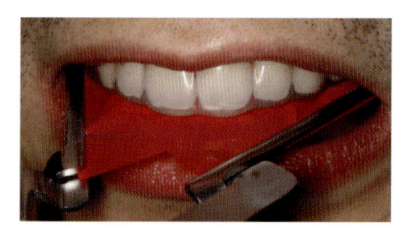

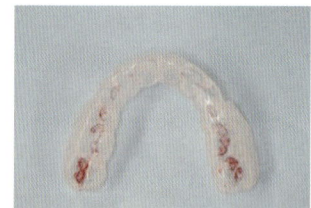

調整前 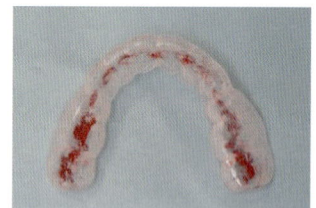　　　　調整後（全歯均等接触付与）

咬合採得用付加型シリコーン材
（CorrectPlus，ペントロンジャパン）

縮重合型シリコーン適合試験材
（フィットチェッカー，GC）

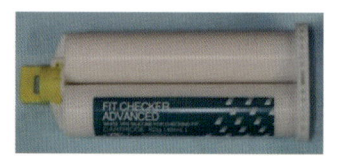

付加型シリコーン適合試験材
（フィットチェッカー・アドバンスト，GC）

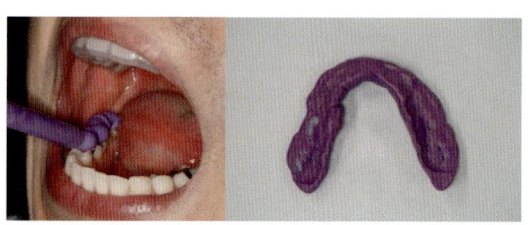

調整前 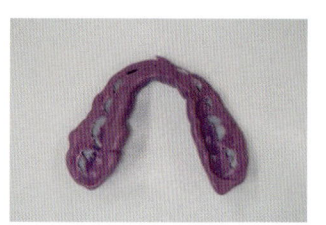　　　　調整後（全歯均等接触付与）

なお近年，各種の咬合検査機器も開発されているので，咬合接触関係を精密に診査記録したい場合や咬合位を変化させた症例，あるいは咬合不良や顎機能障害を訴える症例等の場合には，チェアーサイドでの咬合診査に加えて，客観的な検査を実施することが望ましい[12]．

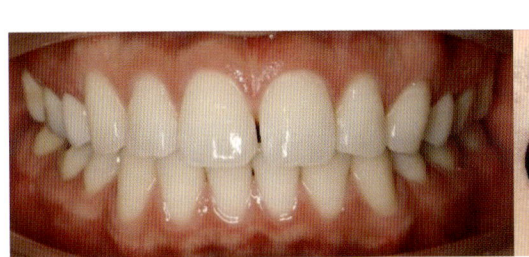

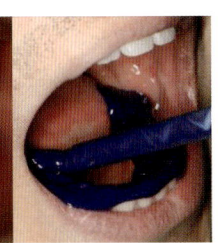

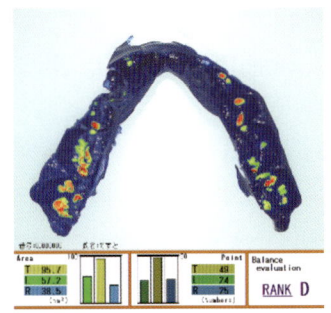

（ラグビー・男性26歳）　　　咬頭嵌合位

＜歯接触分析装置BiteEye BE・1＆ブルーシリコーン（GC）使用例＞

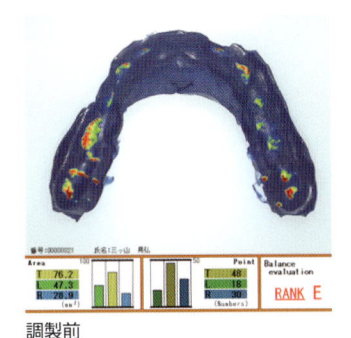

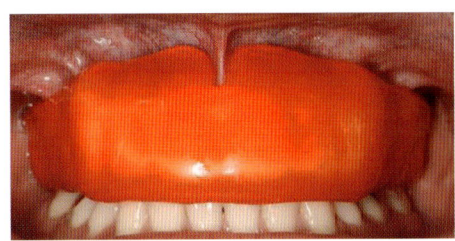

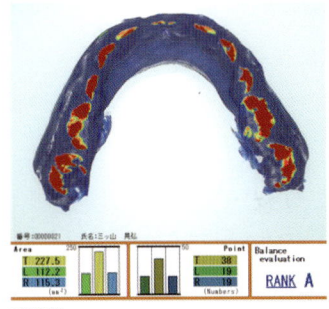

調製前　　　調整後

[MG使用上の注意・指導事項]

(1) まず練習で試用して，MGに慣れる
(2) MGの内面にマウスリンスやアンチセプチック（0.2％クロルヘキシジン）等を滴下すると装着感が向上する
(3) MGを歯でくわえて弄んだり，ガムのように噛み潰したりしない
(4) 使用後は冷水でよく洗う．その際，歯ブラシおよびブラッシングペーストを併用することが望ましい．時々は義歯あるいはリテイナー用洗浄剤を使用する
(5) MGは保管用容器（コンテナ）に入れて，乾燥状態かつ室温で保存する
(1) 定期的に歯科検診およびMGのチェックアップを受ける

　MG装着時あるいは使用当初に，選手は多少の違和感，異物感を訴える．特にMG初心者ほど違和感や異物感を強く訴える傾向がある．しかし，可撤性義歯の場合と同様，MGも適切に調整されていれば，時間の経過とともに慣れることをよく説明し，いきなり試合本番で使うのでなく，まず練習時に試用させる．そして装着時間も少しずつ長くしていくように指導する．3〜4日程度で馴化するようであるので，1週間後にリコールするとよい[13]．

[マウスガード用除菌・洗浄剤]

　最近，MGを手軽に除菌・洗浄できるハンディタイプのスプレーが開発されている[14]．このスプレー剤は口腔内への為害作用がないことはもちろんのこと，EVA系やポリオレフィン系といったMG用材そのものを変性させることがないことも確認されている．それでいて一般細菌（黄色ブドウ球菌および大腸菌）に対する除菌効果は99.9%の致死率と非常に優れていることから，MGをいつも清潔な状態で使用することが可能となる．日ごろのメインテナンスに加えて，例えばフィールドサイドで，MG着用前後に使用すると，より効果的と思われる．なおこのスプレー剤はMGだけでなく，ナイトガードやスプリント等の除菌・洗浄にも使用可能である．

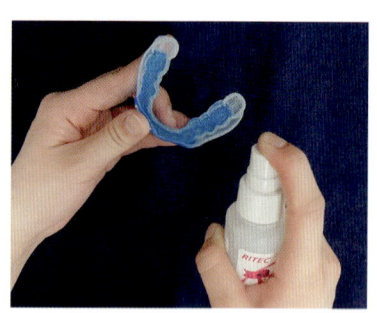

マウスガード除菌・洗浄スプレー（アース製薬），きれいちゃん（アグサジャパン）

[マウスガードの耐久性]

　MGの耐久性に関する臨床上の目安は約1年である．使用済みMGを回収してみると，メインテナンス不足による着色・変色やカビ繁殖が認められるものから，熱変形やクレンチングの反復による咬合面の摩耗および穿孔，あるいは後縁部分の裂けが生じたもの，さらにはラミネート部分の界面剥離など，様々な劣化および破損所見が認められる．またそのような所見がなくとも，MG用材に含まれる可塑剤が放散されることによると考えられる粘弾性の喪失（硬化）現象が認められる場合がある．

　MGは消耗品であり，劣化や破損は付きものである．定期的にリコールをかけて，デンタルチェックとともに，MGチェックも実施することが望ましい．

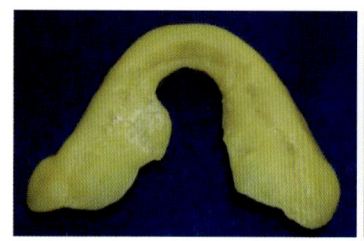

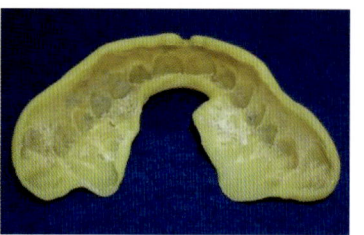

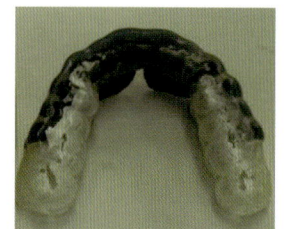

熱による変形およびカビ繁殖　　　　　　　　　　　　　咬合面の咬耗・穿孔

2章　参考文献

1) Andreasen JO and Andreasen FM: Textbook and color atlas of traumatic injuries to the teeth (3rd ed.). Munksgaard, Copenhagen, 1994.
2) Forsberg CM and Tedestam G: Etiological and predisposing factors related to traumatic injuries to permanent teeth. Swed Dent J 17:183-190, 1993.
3) 長谷川二郎（監修）：明解歯科理工学．学建書院，東京，1989．
4) Nozaki K, et al.: The effect of wearing custom-made mouthguards on the aeroacoustic properties of Japanese sibilant /s/. Dent traumatol 29:139-144, 2013.
5) Yamanaka T, et al.: Study on the effects of shortening of the distal end of a mouthguard using modal analysis. J Med & Dent Sci 49:129-133, 2002.
6) Newsome PRH, et al: The role of the mouthguard in the prevention of sports-related dental injuries: a review. Int J Paediatric Dent 11:396-404, 2001.
7) Yonehata Y, et al.: The influence of working cast residual moisture and temperature on the fit of vacuum-forming athletic mouth guards. J Prosthet Dent 89:23-27, 2003.
8) 瓦井千穂ら：加熱温度によるマウスガード適合性に関する研究．スポーツ歯学5：25-29, 2002.
9) 西田純子ら：シート成形法によるマウスガード製作方法についての考察—作業模型よりの離型時の温度について—．スポーツ歯学9：25-28, 2006.
10) 町　博之ら：マウスガード成形時の冷却方法が経時的変化に及ぼす影響．スポーツ歯学9：29-32, 2006.
11) 上野俊明：臨床一口メモ「スポーツマウスガードについて」．東京医科歯科大学歯科同窓会報163：80, 2007.
12) 黒川勝英ら：マウスガードの咬合接触関係の可視化．スポーツ歯学17：91, 2014.
13) Ueno T, et al.: Recommendation of custom-made mouthguards to high school boxers. J Sports Dent 4:1-6, 2001.
14) 鈴木浩司ら：マウスガードの除菌・洗浄製剤開発に関する研究．スポーツ歯学13：92-98, 2010.

CASE STUDY

3章　事例と症例

1. ジュニア症例

1）基本的な対応と原則

　ジュニア期の口腔内は，顎骨の発育とともに，歯列および咬合の変化が目まぐるしい．したがってジュニア期のMGは，第一に歯列・咬合の正常発育を妨げないように設計されなければならない．その上で十分な防護効果を確保しなければならない．また提供後も定期的なメインテナンスと小まめな調整が欠かせないし，時期が来れば再製対応の判断も求められる．適合性や咬合関係に問題のあるMGは十分な予防効果が得られないだけでなく，成長発育を障害する可能性もあることを肝に銘じる必要がある．

　ジュニア期のMGに関する調製の基本方針は以下の通りである．

（1）　萌出途上の永久歯の部分は，その萌出状況と位置移動を見越して，石膏あるいは技工用シリコンパテ等でリリーフした上で製作する．リリーフ量の目安は2mmである．なおリリーフ処理したMGの維持力はおよそ半減することが報告されている[1]ので，必要以上にリリーフしないように注意する．

（2）　リコールの目安は2～3カ月である．経過観察中にMGの適合が悪くなり，維持力が大きく低下した場合，ティッシュコンディショナーによる裏装を行うとよい．ただしティッシュコンディショナーは経時的に硬化するので，頻繁な交換が必要となる（**図1**）．

（3）　外傷歯治療途中の症例等では頻回な調整が必要となるので，治療中は市販既製品（マウスフォームドタイプ）で簡易対応することも選択肢の一つである．安価で，熱湯で軟化すれば何度でも再調整ができるので，コストパフォーマンスに優れる．ただメインテナンスおよび調整を患者任せにすることは推奨されないので，歯科医師が監督指導あるいは代行するべきである（**図2**）．

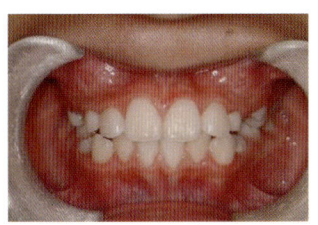

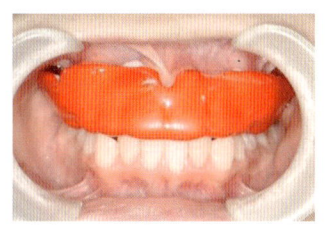

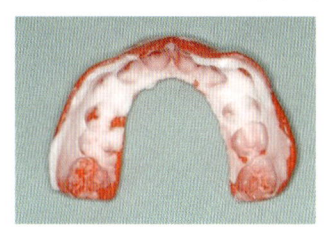

図1：ティッシュコンディショナー裏装例（バスケットボール・女子10歳）

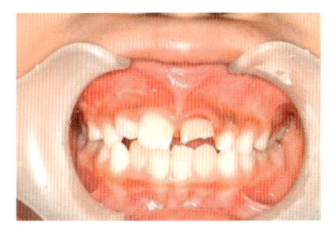

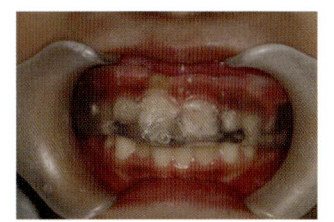

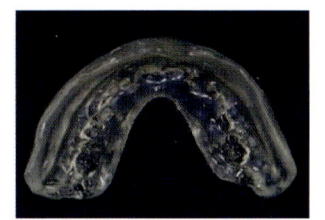

図2：外傷性破折歯治療症例（空手・男子9歳）

2）混合歯列期

患　　者：空手（男子　9歳）
製作方法：プレッシャー・シングルレイヤー法
材　　料：キャプチャーシート3mm（ホワイト）

　患者は空手教室に通う男子小学生であり，MG製作を希望して来院した．Hellmanの歯齢IIC期に相当し，上顎中切歯および側切歯4本が萌出途中の症例であり，これら4本の正常な萌出を妨げないように，また生理的な位置移動も可能となるように配慮して，即時重合レジンでリリーフ処理を施して製作した．

　バキュームフォーマーでも製作可能であるが，そもそも乳歯の歯冠長は短く，また歯冠の豊隆も小さいので，維持力を確保するのが難しい．加えて適宜リリーフも加えるので，最大限の維持力を確保するために，むしろプレッシャーフォーマーによる精密成形を行うことが望ましい．

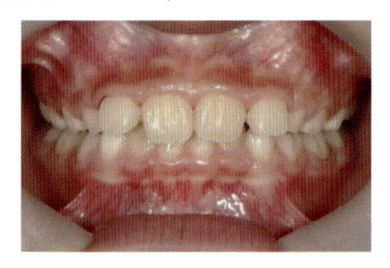

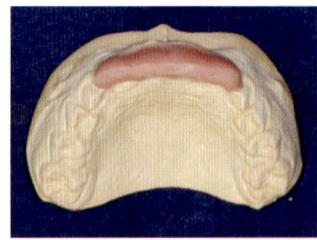

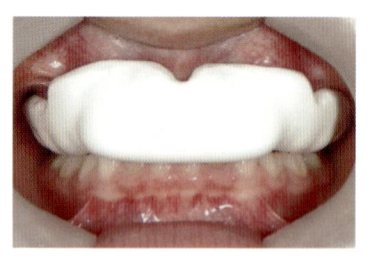

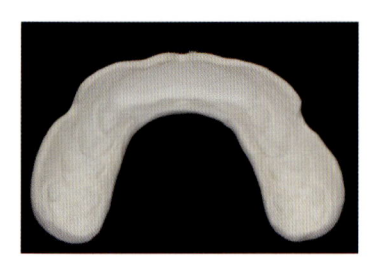

> 維持力の確保が肝となるジュニア期のマウスガードだからこそ，バキューム式でなく，プレッシャー式による精密サーモフォーミングが推奨される

3）永久歯列完成期

患　　者：中学生（女子　13歳）
製作方法：バキューム・ダブルラミネーション法A
材　　料：MG21レギュラー2mm（クリア）×2mm（クリア）

　患者は英国の中学校への転校に際して，体育の授業ではカスタムメイド・MG（ネーム入りが望ましい）装着が義務になっているため，来院した．シングルレイヤー法で十分な症例であるが，ネームシールを希望したので，ダブルラミネーション法を選択した．本患者では永久歯列が完成しており，特にリリーフは行わなかったが，混合歯列期にあるジュニア症例では，交換間近の乳歯や萌出途上の永久歯に対するリリーフを行う必要がある．リリーフ材には石膏やシリコンパテを用いるとよい．

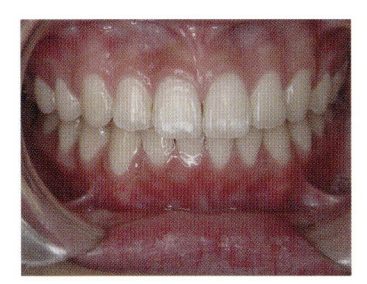

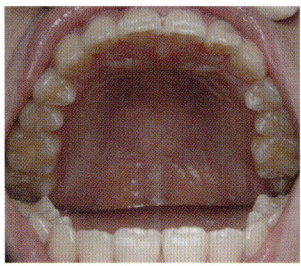

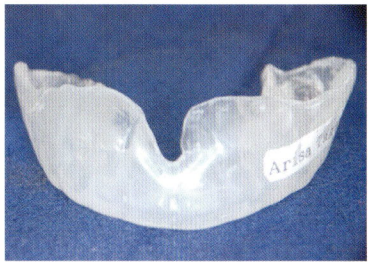

　　　　　　　　　　　　　　　　　　　　　ミラー像　　　　　　完成マウスガード

中・高校生になると，体育・部活動中の歯科外傷が増えるので，安全教育とともに，MGの着用を習慣づける

2. 外傷歯治療中の患者

患　　者：レスリング（男性　17歳）
製作方法：改良型バキューム・シングルレイヤー
製作材料：MG21レギュラー3mm（クリア）

　試合中に相手選手の頭部と激突した結果，上顎前歯の動揺と疼痛を訴え，受傷4日後に来院した症例である．診査の結果，上顎左側側切歯の歯根破折と診断された．同時に，過去の受傷から変色および挺出した左側中切歯についても陳旧性歯根破折が発見された．ワイヤー＆ボンド整復固定処置を施し，約1カ月は対人接触練習を避けるよう指示した．2週後にボンド固定に切り替え，MGを作成した上で，5週後に対人練習に復帰させた．しかし受傷から2カ月後，MG未着用で参加した試合で再受傷し，3カ月後の試合で再々受傷したため，ワイヤー＆ボンド固定に戻し，MGを再製し，これを着用することを条件に，競技を継続させている．

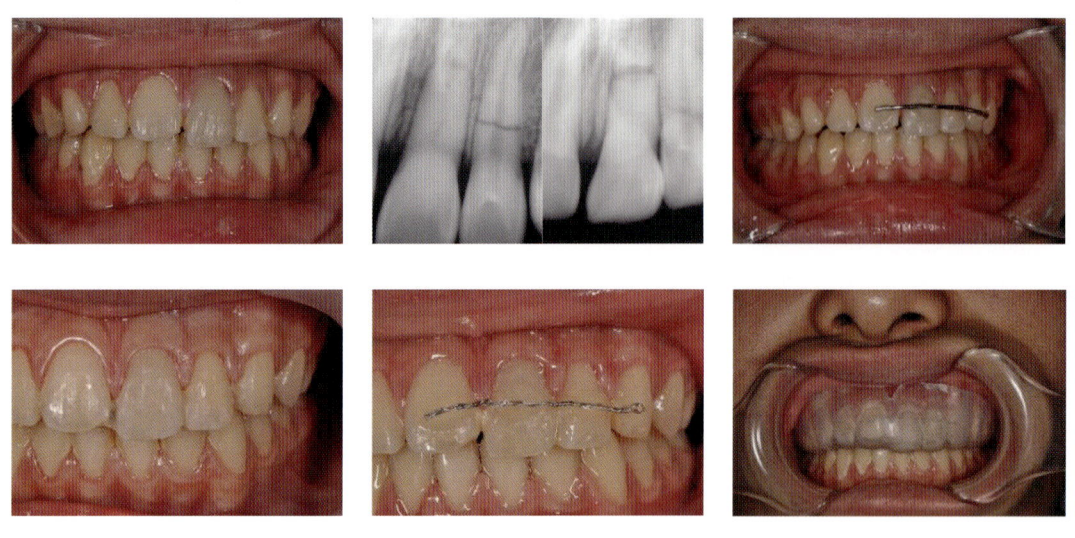

> 外傷歯治療中あるいは治療直後の不安定な時期に，スポーツ参加（復帰）を許可する場合，患部保護のためのマウスガードを製作提供して，リスクマネージメントする

3. 歯科矯正治療中の患者

1）マルチブラケット装置症例

  患　　者：バスケットボール（男性　27歳）
  製作方法：バキューム・シングルレイヤー法
  使用材料：MG21レギュラー4mm（チェリーレッド）

　上顎前突に対する歯科矯正治療中の患者である．競技中によく口の中を切るため，既製MG（boil & biteタイプ）を使用してみたが，うまく調整できないために来院した．短期間のうちに調整あるいは再製作が予想されることから，バキューム・シングルレイヤー法で製作した．矯正装置を保護し，移動スペースを確保するために，作業模型上で，必要箇所をラボシリコンでリリーフした．なお，矯正装置を破損させないように，印象採得時には矯正用ワイヤーを外した状態で取る．治療内容や経過等の詳細について，矯正歯科医に照会することが必要である．

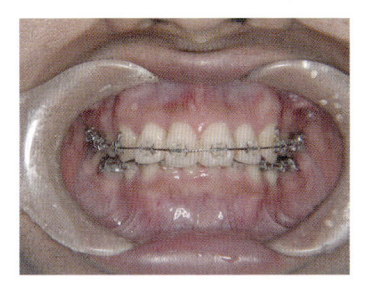

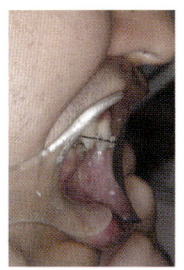

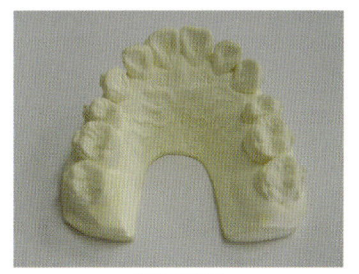

作業用模型 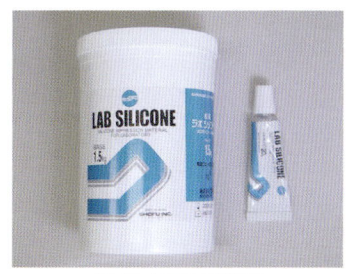　　　　　ラボシリコン（松風） 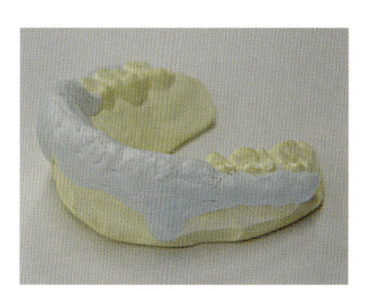　　　　　リリーフ後

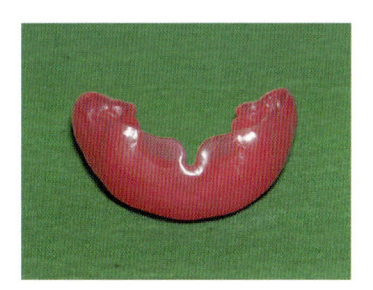

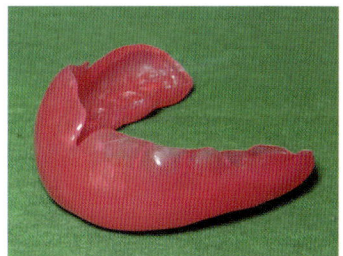

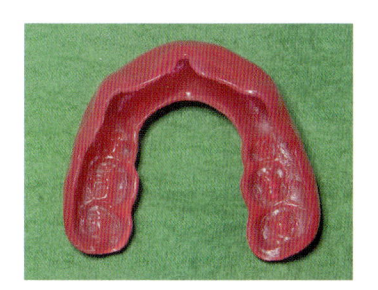

動的矯正治療中の患者がコンタクトスポーツに参加する場合，口腔軟組織の裂傷が非常に多い．矯正装置の破損事故もある．また移動中の歯は脱臼しやすい

2）可撤式装置症例

　　　　患　　者：バスケットボール（女子　8歳）
　　　　製作方法：バキューム・シングルレイヤー法
　　　　使用材料：ジスクマウスガードカラー3.8mm（オレンジ）

　拡大床による矯正治療中の患者である．拡大床などの可撤式装置は成長発育期を利用して歯列弓を拡大したり，コントロールしたりするために頻用される．エキスパンションスクリューの使用サイズ（3.0～8.0mm）や拡大部位は症例によって異なるものの，一般的に可撤性矯正装置使用中の患者に対してマウスガードを製作する場合，維持力確保の観点から，約2.0mm程度広がった時点を想定して，唇頬側および咬合面をリリーフ処理して製作するとよい．なおエキスパンションスクリューは週1回0.2～0.25mmずつ拡大されるのが通例であり，2.0mm拡大されるのに8～10週間を要する．したがって，2～2.5カ月を目安に調整あるいは再製対応することが望ましい．

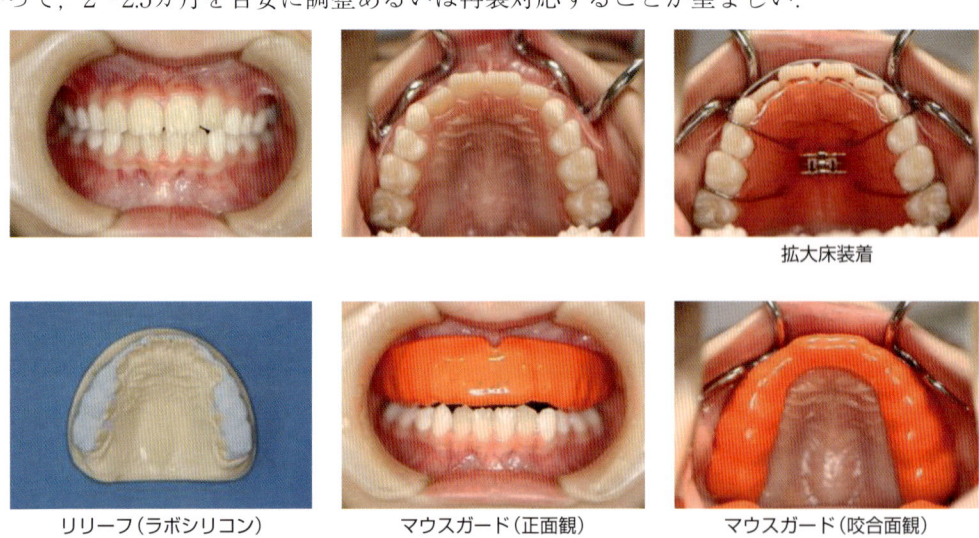

　　　　　　　　　　　　　　　　　　　　　　　　　　拡大床装着

　リリーフ（ラボシリコン）　　マウスガード（正面観）　　マウスガード（咬合面観）

> 可撤性矯正装置使用中の患者に対するマウスガードは，歯列拡大量とスピードを予測しながら製作・管理する必要があるので，矯正歯科医との連携が必要不可欠である

4. 軽度の下顎前突症例

患　者：レスリング（男性　24歳）
製作方法：バキューム・ダブルラミネーション法
使用材料：MG21レギュラー2mm（ブルー）×3mm（クリア）

　競技中に口腔内軟組織損傷をしばしば経験することから，マウスガード製作を希望し，紹介来院した．紹介元の歯科医院にて虫歯治療は全て終了済みであった．比較的軽度の下顎前突症例であったため，マウスガードは上顎に製作した．なお，歯列不正が顕著な右側上顎側切歯および栓状歯である犬歯の部分はシート小片を軟化圧接して，移行的な形態に整えた．

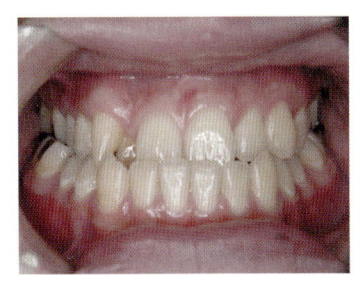

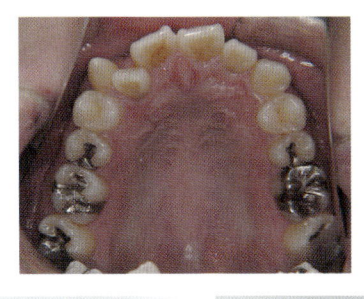

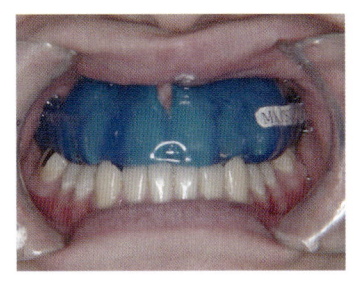

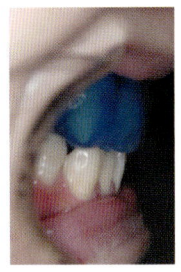

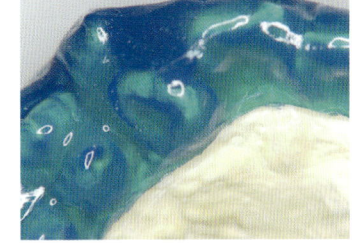

修正前　　　　　　　完成マウスガードの部分

軽度の下顎前突であれば，上顎マウスガードで対応するほうがよい

5. 重度の下顎前突症例

患　　者：野球（男性　26歳）
製作方法：ロストワックス法
使用材料：モルテノ（イエロー）

　前歯部オーバーバイト3mm，オーバージェット－7mmの下顎前突患者であり，下顎マウスガードをロストワックス法で製作した．マウスガード装着に際して，舌房の狭小化による違和感および発音障害を訴えたため，下顎前歯舌側面被覆部位を切縁までとした．

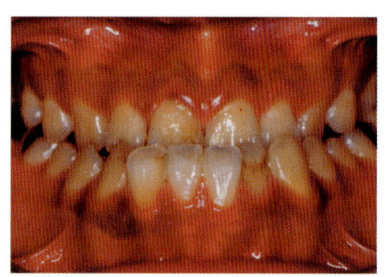

前頭面観 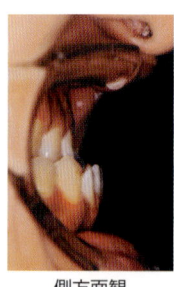　　　　　側方面観

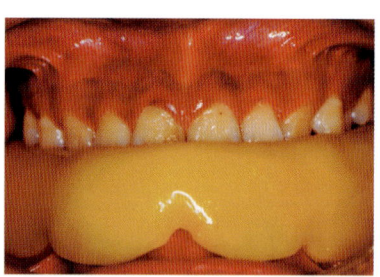

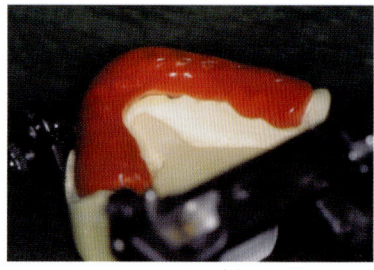

ワックスアップ終了時 　　　完成マウスガード

下顎マウスガードでは，舌房の狭小化に注意する

6. 正中離開症例

患　　者：ラグビー（男性　26歳）
製作方法：プレッシャー・ダブルラミネーション法
使用材料：MG21レギュラー2mm（オレンジ）×3mm（クリア）

　正中離開して歯間空隙が認められる左右中切歯はいわば孤立状態にあり，加撃時に隣在歯あるいは歯列弓全体への衝撃分散効果はおよそ期待できないので，通常より受傷リスクは高いと考えなければならない．したがって，しっかり緩衝材で被覆して保護すべきである．また前歯はいずれも豊隆が少なく，そもそも維持力を確保しにくい歯冠形態である点も考慮して，バキューム法ではなく，プレッシャー法を選択した．作業中に模型が割れやすいので，予備の印象採得を行っておくとよい．

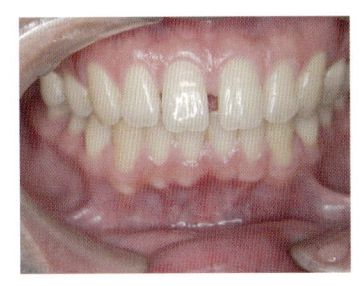

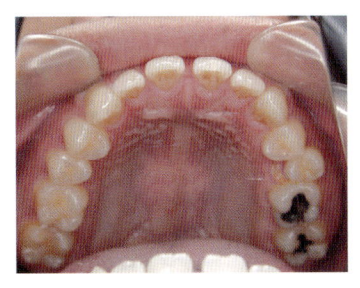

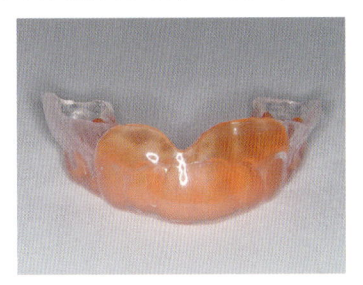

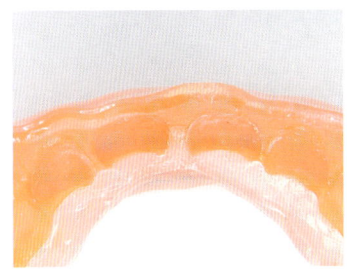

歯間空隙部にもしっかりマウスガード材を入れて，コンタクトを回復し，衝撃の吸収分散を図る

7. 下顎骨骨折症例

患　者：スノーボード（男性　25歳）
製作方法：バキューム・ダブルラミネーション法
使用材料：MG21ソフト2mm（イエロー）×3mm（クリア）

　下顎骨正中部および左側顎関節突起骨折に対する観血的外科治療後10週を経過してなお咬合違和感等から競技復帰に支障を来していた症例である．受傷機転はスノーモービルで牽引してもらいながら，ジャンプ練習をしていた際に，フラットな雪面着地時に勢い余って下顎と膝が激突したものである．
　主訴：開口障害，左頚部の痺れならびに咬合違和感が消えない．競技中にしっかり食いしばれないので，力が出ない．
　所見：開口量29mm．開閉口時左右側下顎偏位（-）．左側下顎頭の可動性（-）．顎関節自発痛・圧痛（-）．関節雑音（-）．Angle不正咬合分類は左右側ともにI級．オーバージェット4mm．オーバーバイト3mm．下顎左側偏位1mm．クレンチング習癖（+）．D2MOF14．下顎左右前歯動揺1度・打診痛（+）．左側上顎第一および第二小臼歯動揺1度・打診痛（±）・歯冠破折（+）・咬合接触は他歯に比べてやや弱い．パントモX線写真より，正中部にプレート固定2箇所，左関節突起にボルト固定1箇所認められる．スノーボード中に肩関節打撲および上下顎前歯脱臼・破折の既往がある．マウスガード使用経験はない．
　処置：咬合違和感は受傷時の第一および第二小臼歯の破折あるいは脱臼症状の一過性残遺障害と診断し，マウスガード装用による可逆的咬合是正治療にて対処した．ソフト，レギュラー，ハードの3種硬度で各1個ずつ計3個のマウスガードを製作した．試用の結果，ソフト硬度のものが一番噛みしめ感がよく，プレー中の咬合安定感が改善し，力が入りやすくなった．

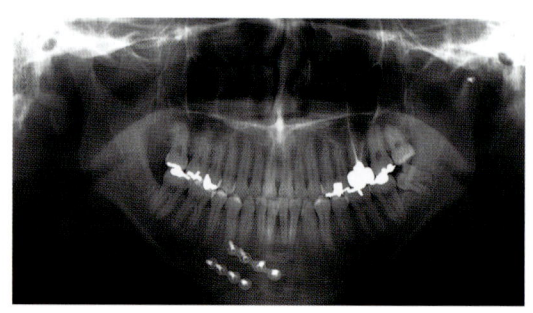

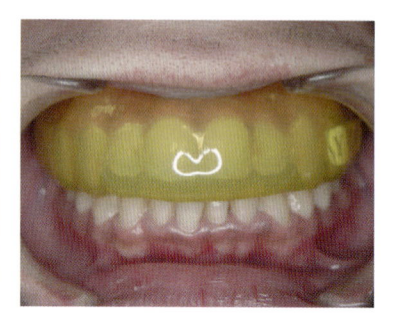

スキーやスノーボードでもマウスガードの必要性を痛感する

8. 歯の咬耗・磨耗症例

患　　者：ボディービル（男性　33歳）
製作方法：バキューム・シングルレイヤー法
使用材料：MG21レギュラー3mm（クリア）

　著しい歯の咬耗・磨耗を指摘され，MG装用を推奨されたため，来院した．歯の咬耗・磨耗の明確な原因は特定できなかったが，筋力トレーニング時のクレンチングが一因であると思われた（第1章参照）．外傷防護が目的ではないので，外形は歯冠部のみを被覆するスプリントタイプとした．

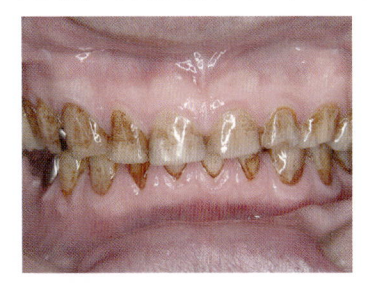

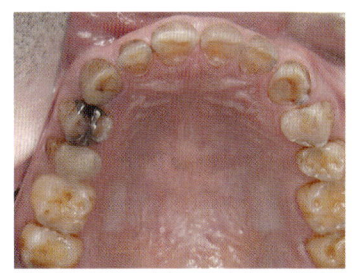

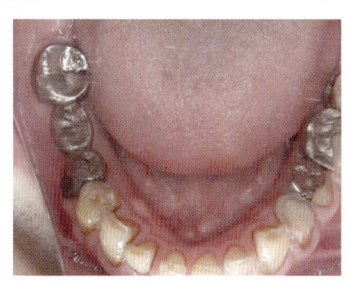

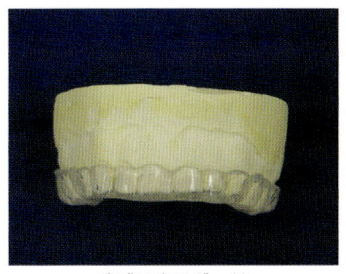

完成マウスガード

歯の咬耗・磨耗防止のためのマウスガードは歯冠部のみを被覆すればよい

9. 可撤性義歯使用者

患　　者：サッカー（男性　17歳）
製作方法：ロストワックス法
使用材料：モルテノ（クリア）

　患者は交通事故により上下前歯5本を喪失し，部分床義歯を使用していた．サッカーに参加する上で，マウスガードの必要性を感じて来院した．本来，義歯は外した状態でマウスガードを装用するべきであるが，審美的に義歯は外したくないとの強い希望があった．そこで，上顎義歯だけ外した状態でマウスガードを使用することで同意が得られた．上顎義歯未装着状態で印象採得し，ロストワックス法にて上顎マウスガードを製作した．セット時に再度，下顎義歯の破損や誤嚥事故に関する注意指導を行った．なお，上下顎一体型マウスガードも選択肢の一つであるが，呼吸障害も生じ，発語がほぼ不可能になることから，とくにチーム・スポーツ参加者にはなかなか受け入れられない．

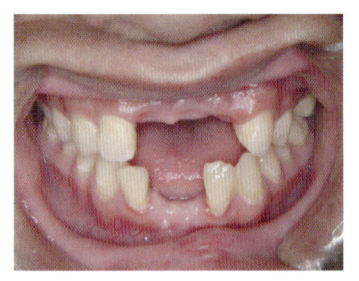

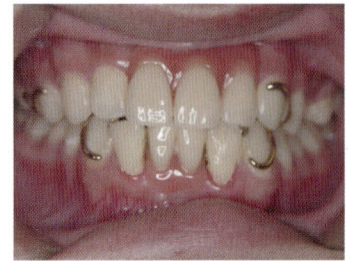

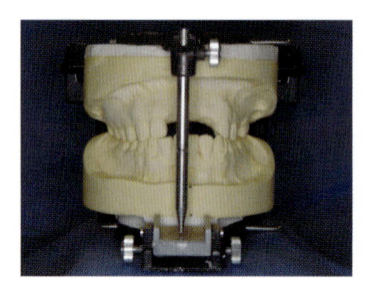

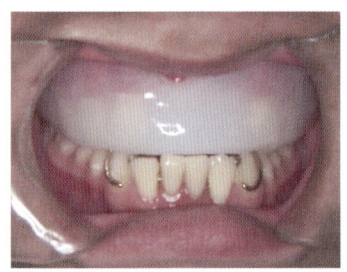

完成マウスガード

> コンタクトスポーツに参加する可撤性義歯使用者では，残存歯で咬合状態が保たれるのであれば，できるだけ義歯を外して，マウスガードを着用する

10. トレーニング用マウスピース

患　　者：ウエイトリフティング（男性　28歳）
製作方法：改良型バキューム・シングルレイヤー法
使用材料：キャプチャーシート4mm（クリア）

　競技歴12年のベテランであり，競技の第一線を退いた今でも週1〜2日トレーニングを欠かさず行っている症例である．以前からウエイトトレーニング中のクレンチング習癖を自覚していたが，最近顎の疲労感を感じるようになったため，心配になって来院した．幸いにも顎関節症は発症していなかったが，今後もスポーツ・クレンチングを継続した場合の発症リスクは低くないと診断し，トレーニング用マウスピースの使用を推奨した．ノンコンタクトスポーツであり，外傷防護を考慮する必要はないので，スプリントタイプか，前歯部開放タイプのいずれかで対応すればよい症例である．装着感を優先し，前歯部開放タイプを採用し，咬合挙上量はおよそ安静空隙に一致させ，大臼歯部1.5mm厚とした．

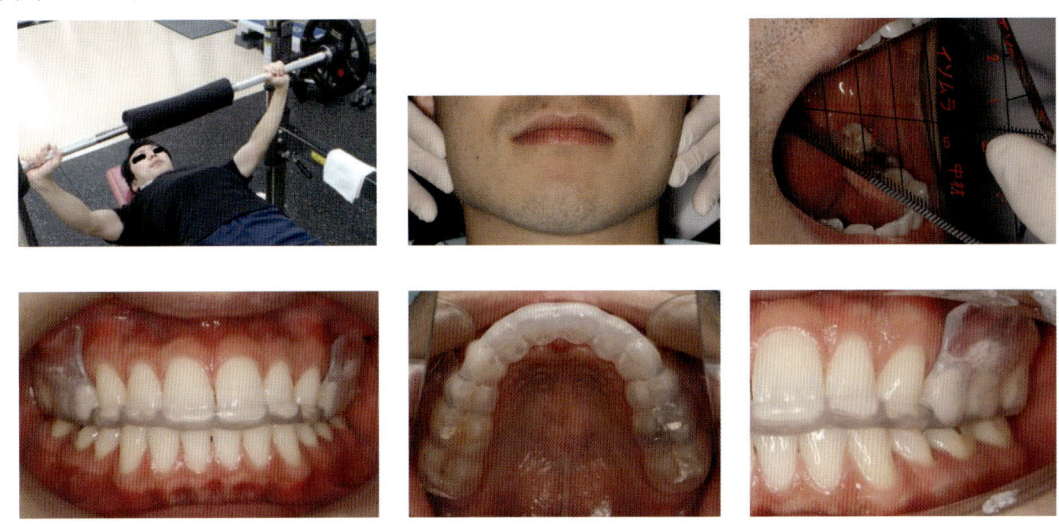

> スポーツ・クレンチング障害の予防管理のために，トレーニング用マウスピースを活用するとよい．パフォーマンス面への影響については，エビデンスが十分でなく，個人差がある

[トレーニング用マウスピース]

マウスガードは外傷予防のための防具であるが，トレーニング中のクレンチングによる歯，歯周組織および顎関節の障害予防にも，その有用性が示唆されている（第1章参照）．実際，臼歯部咬耗と咬筋疲労を訴えるウエイトリフティング選手や著明な咬耗と部分欠損を有する野球選手への適用奏功例[2,3]が報告され，基礎実験でもマウスピースがクレンチング時の歯の歪みを減少させる効果を有することが確認されている[4]．

こうした障害予防のみならず，最近ではパフォーマンス面への好影響を期待する向きもあり，プロ野球選手などが使用する例が見受けられるようになってきており[5]，外傷防護のマウスガードと差別化して，「トレーニング用マウスピース」とも呼称される．

この点に関しては，ゴルフパフォーマンスやソフトボールのピッチングパフォーマンス等に関する臨床報告[6,7]も散見されるが，まだエビデンスレベルは十分とは言えず，そもそも個人差もあるので，必ずしもプラスに作用するとは限らない[8-15]．ただ実験レベルでは，マウスピース噛みしめによって四肢静的筋力が増強することや脊髄運動神経系の興奮性が有意に上昇することが検証されている[16-20]．

[トレーニング用マウスピースの設計]

障害予防（パフォーマンス）と外傷予防（競技特性）のバランスとともに，装着感と維持力を考慮して，以下の3パターンに分けられる．

- スプリントタイプ……標準形．障害予防のみ．ノンコンタクトスポーツ向け．
- 唇側開放タイプ………装着感重視．障害予防のみ．ノンコンタクトスポーツ向け．
- マウスガードタイプ…外傷予防と障害予防の両方を兼ねる．コンタクトスポーツ向け．

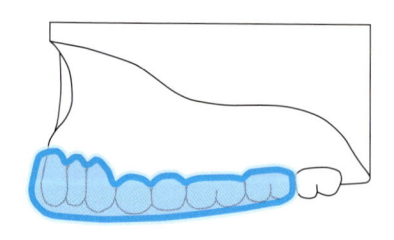

スプリントタイプ 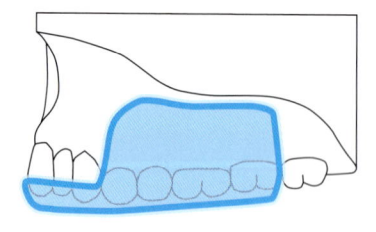　　　唇側開放タイプ 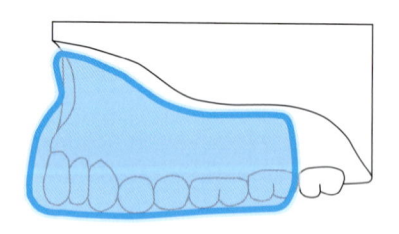　　　マウスガードタイプ

11. スキューバダイビング用マウスピース

患　　者：スキューバダイビング愛好家（女性　24歳）
製作方法：プレッシャー＆バキューム・特殊ラミネーション法[21-23]
使用材料：MG21ソフト2mm・3mm（クリア）

　経験年数5年のスキューバダイビング愛好家であり，ダイビング後数日間顎が痛むことから相談を受けた症例である．小型の既製マウスピース使用者で，ダイビング中マウスピースを強く噛んで保持しているため，しばしば顎の疲労感と疼痛を感じていたという．顎関節所見は，左右雑音（＋），疼痛（日常生活（－）／ダイビング後（＋）），運動障害（－）であった．そこで，カスタムマウスピースを適用した結果，既製マウスピースに比べて，装着感および呼吸は良好で，マウスピースを噛んで保持する必要がなくなり，顎関節症状も軽減した．

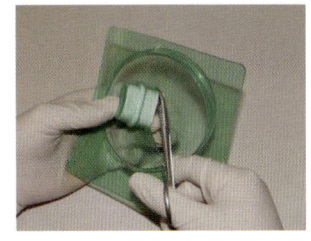

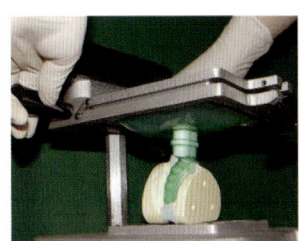

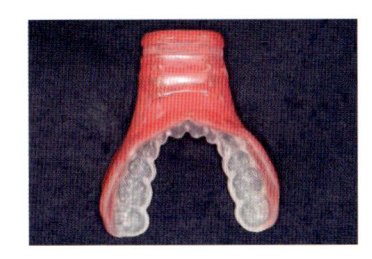

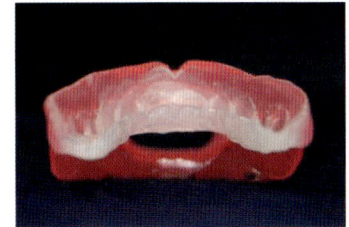

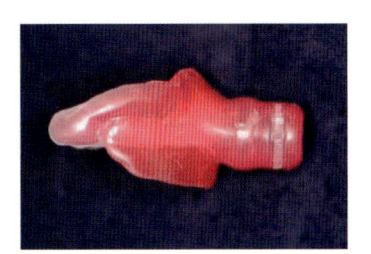

［ダイビングと顎関節症］

　ダイビングを行うことにより，肺，耳，副鼻腔，歯などの含気組織器官に特有の気圧外傷（スクイーズ）や潜水障害[24,25]を経験することは少なくないが，歯のみならず，顎関節にも障害（顎関節症）が生じることがある[26,27]．ダイビング関連の顎関節障害の発症率は24％〜68％で[28-30]，男性より女性に発症しやすく[28,29,30]，海水温も低く冷たいほうが発症しやすい[29]と報告されている．海外ではdiver's mouth syndrome[31-33]とも呼称される．発生機序として，ダイビング用既製マウスピースの規格（形態）不良による下顎の前方誘導ならびに顎関節の変位[34,35]，マウスピースを定位に保持するために随伴するクレンチングによる顎筋や顎関節への過剰負荷[28]，あるいはそれらの相互作用等が指摘されている．

> ダイビング関連の歯科障害として，歯のスクイーズや顎関節症があり，海外ではdiver's mouth syndromeと呼称される

4章　トラブルシューティング

　本章では，マウスガード装着後の患者の訴えや不快事項に対するチェアーサイドでのチェックポイントと対応を解説する．

1.「口を動かすとゆるんでくる，落ちてくる」

> **Check Point**　（1）唇頰側の外形および厚みの設定は適切か？
> （2）適合不良の箇所はないか？

　開閉口運動時にマウスガードが緩んでくる第一の原因として，形態不良が挙げられる．特に唇頰側の外形および厚みが適切に設定されているかどうかをチェックし，必要があれば，適宜調整する．なお下顎マウスガードの場合には唇頰側のみならず，舌側マージンのチェックも行う必要がある．それでもまだ緩んでくる場合，適合不良による維持力不足が原因として考えられるので，フィットチェッカー等を用いて，適合性を試験する．局部的な適合不良は作業模型上での再加圧作業によって調整可能であるが，全体的に適合不良が認められる場合には再作せざるを得ない．

2.「嚙みしめると歯が痛い」

> **Check Point**　（1）咬合に不備がないか？
> （2）齲蝕などの歯の疾患はないか？

　マウスガードは弾性を有する衝撃緩衝材で作製されるので，よほどの咬合接触の不調和がない限り，健全な歯に咬合性外傷を引き起こすことはまずない．大抵，齲蝕といった基礎疾患があるはずである．マウスガードの咬合調整とともに，疼痛発現部位を同定し，病態を診査した後，適切な診断および治療を急ぐ．治療が長期に渡る場合には，適宜マウスガードの内面調整を実施し，治療部位への刺激をできるだけ回避する．

3.「噛みしめると歯ぐきが痛い」

> **Check Point**
> （1）マウスガード内面に当たりはないか？
> （2）咬合に不備がないか？
> （3）歯周炎などの歯科疾患はないか？

　歯に痛みのある場合と異なり，まず咬合位でのマウスガード内面の当たりをチェックする必要がある．マウスガード内面は研磨を施せないために，歯間乳頭部などの歯肉組織に，圧迫感，こすれ感あるいは疼痛を引き起こす可能性があるからである．もちろん咬合の不備があれば，同時に咬合調整も行うべきである．それでもなお痛みを訴える場合には，歯周組織の基礎疾患の存在が疑われるので，精査する．

4.「しゃべりにくい」「呼吸しにくい」

> **Check Point**
> （1）機能時の維持力は十分か？
> （2）口蓋側（あるいは舌側）の外形および厚みの設定は適切か？

　機能時に緩んできたり，落ちてくるようなマウスガードでは，当然，発音障害や呼吸障害が生じる．すなわち，「口を動かすとゆるんでくる，落ちてくる」の対応に準じて，形態不良はないか，あるいは適合不良な箇所はないかを診査する．形態については，口蓋側（下顎マウスガードであれば舌側），特に前歯部のマウスガード辺縁が長すぎないか，厚すぎないかを検討し，慎重に調整を行う．前歯口蓋側（舌側）被覆を切縁付近まで短くして開放するとよい反応が得られることが多い[36]．

5.「変な臭い，いやな臭いがする」
　「変な味，いやな味がする」

> **Check Point**
> （1）使用したマウスガード材料はEVA系か，ポリオレフィン系か？
> （2）技工作業やチェアーサイドでの調整時に，加熱し過ぎて焦がしていないか？
> （3）技工作業やチェアーサイドでの調整時に，有機溶剤等を使っていないか？

　使用材料によっては，もともと臭いや味を感じるものがある．EVA系材料には酢酸ビニルを原料に使用していることから，いくぶん酸味を感じる．特に安価で粗悪なEVA系シート材で，その傾向が強いように感じている．EVA系材料を購入する際には，実際に舐めて，味を確かめてみることをお勧めする．なお，ポリオレフィン系マウスガード材は無味無臭で，かつ疎水性が極めて高い．短期間のうちに臭いや味などが付く，あるいは変色するといった不快事項が発生することはまずない．ただし年単位での長期使用によるマウスガードでは不快事項の発生がありうるので，その場合は再作する．実際には，それ以前に紛失したり，破損したりする場合が多い．
　また技工やチェアーサイドでの作業内容によっては，変な臭いや味の原因になりうるので，十分

注意する必要がある．すなわち，加熱し過ぎによる材質の劣化や刺激臭の強い接着剤や研磨用有機溶剤の残留などである．現実的な対処法としては，市販洗口剤をマウスガード内面に滴下した上で装着させると，一時的に軽減効果が得られる．

6.「口を閉じにくい」

Check Point
（1）咬合挙上量が下顎安静位を過度に超えていないか？
（2）唇頰側の外形および厚みの設定は適切か？

　まず咬合挙上量が安静空隙を過度に超えていないかを診査する．超えていなければ，唇頰側マージンと厚みの設定をチェックする．まずは唇頰側の外形マージンを少しずつ引いていき，反応をみる．それでも口がしめにくいと訴えるのであれば，頰側（臼歯部）の厚みを少しずつ引いてみる．これでも解決しない場合には，この形態の妥当性を説明し，理解を求める以外にない．唇側（前歯部）の厚みの削合調整は，衝撃緩衝能の減衰に直結するので，避けるべきである．

7.「吐き気がする」

Check Point
（1）適合は問題ないか？
（2）維持力は十分か？
（3）外形および厚みの設定は適切か？
（4）咬合に問題はないか？
（5）使用したマウスガード材は無味無臭か？

　個々の症例における吐き気の誘発因子は様々であり，複数の問題点が関与している場合が案外多い．上記の全てを再度チェックして，問題点を一つ一つ解決していくことが大切である．原因追求もそこそこに，マウスガードの後縁を短くカットオフしたり，過度に薄くしたりすることは絶対に避けるべきである．

8.「顎がだるい，疲れる，痛い」

Check Point
（1）咬合挙上量が下顎安静位を過度に超えていないか？
（2）咬合位は習慣性開閉口路上にあるか？
（3）咬合時に早期接触や咬頭干渉はないか？
（4）運動時に強度のクレンチング習癖がないか？

まず，咬合の再チェックが必要である．チェックポイントの（1），（2），（3）について診査を行い，問題があれば，再度咬合調整を慎重に行い，1週間程度使用させてみるとよい．過剰なクレンチング習癖による顎筋および顎関節症状に対しては，運動後のアイシングやマッサージ等によるセルフケアを指導し，さらに定期的なデンタルチェックの必要性を説く必要がある．

9.「破損した，変形した」

> **Check Point**
> （1）破損あるいは変形の程度は？
> （2）破損あるいは変形の原因は何か？
> （3）その上で，修理可能か，再作か？
> （4）修理可能と判断した場合，使用されているマウスガード材料はEVA系か，ポリオレフィン系か？

まず破損の程度を確認し，修理で対応できるか，再作しなければならないかを判断しなければならない．修理の可否決定は術者の力量に依存するところが大きいが，いずれにせよ，破損に至った原因を精査して，次に生かすことが重要である．例えば，思いっきりタックルを受けて，口から外れ落ちて，踏み潰してしまった．洗濯機や乾燥機にウエアと一緒に突っ込んでしまい，取り出して見たら変形していた等，様々な理由があるはずである．

なお，修理する場合，同種のマウスガード材料を使用しないと，補修部分での十分な接着が得られず，たいてい失敗に終わる．したがって，使用されているマウスガード材料を識別できる眼と知識を養っておく必要がある．

3, 4章　参考文献

1) 桑原茂久ら：混合歯列期におけるマウスガードの適合性．小児歯誌44：326，2006．
2) 大山喬史，石上恵一，石島　勉，谷口　尚（編）：スポーツ歯学の臨床．医学情報社，東京，1998，97-98．
3) 渥美陽二郎ら：著明な咬耗を有する部分欠損患者に対しカスタムメイドマウスガードで対応した症例．スポーツ歯学 11：112-118，2008．
4) 武田友孝ら：噛みしめ時の歯のひずみに対するマウスガードの効果．補綴誌　49：608-616，2005．
5) 下里武巳ら：パワーリフティング選手のオーラルアプライアンスに関するアンケート調査．スポーツ歯学17：76-81，2014．
6) 川良美佐雄：ソフトボール選手に装着した下顎固定用マウスガードの意義について．スポーツ歯学14：36-37，2010．
7) 石上恵一ら：競技中の噛みしめによる咬合負担軽減のためのスプリント使用効果—女子プロゴルファーのケース—．スポーツ歯学 17：48-52，2014．
8) Iwagami Y, et al.: Effects of wearing a custom-made mouthguard on sports performance. Int J Sports Dent 2: 41-56, 2009.
9) Cetin C, et al.: Influence of custom-made mouth guards on strength, speed and anaerobic performance of taekwondo athletes. Dent traumatol 25:272-276, 2009.
10) Arent SM, et al.: Effects of a neuromuscular dentistry-designed mouthguard on muscularendurance and anaerobic power. Comp Exer Physiol 7: 73-79, 2010.
11) Kawara M, et al.: Influence of mouthguard on masticatory musclus activities and physical performance during exercise. Int J Sports Dent 5:28-34, 2012.
12) Dunn-Lewis C, et al.: The effect of a customized over-the-counter mouth guard on neuromuscular force and power production in trained men and women. J Strength Cond Res 26:1085-1093, 2012.
13) Duddy FA, et al.: Influence of different types of mouthguards on strength and performance of collegiate athletes: a controlled-randomized trial. Dent traumatol 28:263-267, 2012.
14) Pae A, et al.: The effects of mouthguards on the athletic ability of professional golfers. Dent Traumatol 29:47-51, 2013.
15) Jung K, et al.: Analysis of the characteristics of mouthguards that affect isokinetic muscular ability and anaerobic power. J Adv Prosthodont 5:388-395, 2013.
16) Wang K, et al.：Influence on isometric muscle contraction during shoulder abduction by changing occlusal situation. Bull Tokyo Med Dent Univ 43：1-12，1996.
17) 内藤祐子ら：スポーツ選手の顎口腔機能について（第2報）．国士舘大学体育研究所報16：35-40，1997．
18) 稲水　惇：マウスガードが筋力発揮に及ぼす影響に関する研究．広大保健学ジャーナル4：14-19，2004．
19) Naka S, et al.：Remote facilitation of soleus H-reflex induced by clenching on occlusal stabilization appliances.. Prosthodont Res Pract 3：15-24，2004．
20) 林　良宣：咬合状態の変化がラグビースクラム力に与える影響．愛知学院大学大学院歯学研究科博士（歯学）学位申請論文，2014．
21) Matsui R, et al.: Fabrication of a custom diving mouthpiece using a thermoforming material. J Prosthet Dent 92:392-394, 2004.
22) 井原千恵ら：カスタムスキューバダイビングマウスピースによって顎関節症が軽減した1症例．スポーツ歯学 10：108-113，2007．

23）上野俊明ら：ダイビングによる顎関節症の予防と安全対策—テーラーメイドマウスピースの開発とその実用化—．デサントスポーツ科学32：64-71，2011．
24）池田知純：潜水医学入門—安全に潜るために（第3版）—．大修館書店，東京，2000．
25）Bove AA: Medical disorders related to diving. J Intensive Care Med 17:75-86, 2002.
26）澁澤真美ら：スキューバダイビング用マウスピースのアンケート調査．スポーツ歯学10：57-58，2006．
27）廣瀬俊章ら：スキューバダイビング用マウスピースが顎口腔系に与える影響について．スポーツ歯学5：1-10，2002．
28）Koob A, et al.: Temporomandibular disorders in association with scuba diving. Cr J Sport Med 15:359-363, 2005.
29）Aldridge RD and Fenlon MR: Prevalence of temporomandibular dysfunction in a group of scuba divers. Br J Sports Med 38:69-73, 2004.
30）Roydhouse N: 1001 disorders of the ear nose and sinuses in scuba divers. Can J Appl Sport Sci 10:99-103, 1985.
31）Roberts GV: Diver's mouth syndrome: a field study. Dent Update 27:74-77, 2000.
32）Grant SMB and Johnson F: Diver's mouth syndrome: A report of two cases and construction of custom-made regulator mouthpieces. Dent Update 25: 254-256, 1998.
33）Goldstein GR and Katz W: Divers mouth syndrome. NY State Dent J10:523-525, 1982.
34）Hobson RS: Temporomandibular dysfunction syndrome associated with scuba diving mouthpieces. Br J Sports Med 25:49-51, 1991.
35）Mack PJ, et al.: Dental factors in scuba mouthpiece design. Br Dent J 158:141-142, 1985
36）上野俊明ら：マウスガードの使用による息苦しさに対する臨床的対応．スポーツ歯学11：107-111，2008．

DENTAL SUPPORT
5章　サポート事例

選手サポート、スポーツマウスガード（MG）提供に関する全般的注意事項

●デンタルチェックについて
- 口腔内診査のみならず，問診およびパノラマX線写真検査も実施すべきである．
- 外傷・障害履歴を問診し，外傷リスクファクターとしてのう蝕，歯周病，埋伏智歯，不正咬合等の歯科的問題点を抽出し，安全指導と治療勧告を行うべきである．
- ドリンクおよび食生活習慣も聴取し，齲蝕や酸蝕症のリスクを踏まえたドリンクに関わる功罪の説明と摂取指導を行う．
- スポーツクレンチング習癖や夜間ブラキシズムの有無を確認し，咬耗，咬合性外傷，顎関節症等の歯科障害発生リスクや対応法をフィードバックする．

●安全指導について
- スポーツ歯科安全に関する講習会等を定期開催し，本人を含め，監督，コーチならびに保護者にも最新情報の提供と安全指導を行う．
- 外傷事故は，「無知」「無理」「無防備」「無反省」の4つの無から起こると言われ，ベテランよりむしろ初心者で，また試合だけでなく練習中にも事故が多く発生するので，それらを踏まえて的確に指導する．

●マウスガード（MG）について
- 年少時からMGに慣れてもらうことが大切である．
- 発育期には頻回に調整や再作を行う必要があるので，費用負担に配慮することが望ましい．
- 種目によって色調の指定・制限があるので，こまめにルールをチェックする．
- ルールで義務化が一部カテゴリー（年代）に限定されている，あるいは装着が禁止されている種目があるので，注意する．
- 氷上，雪上，水中のスポーツでは，透明および白色系のものは落下すると発見が難しいので避けるか，ネームやロゴ等を入れて視認性を高めておく．
- 装着後は必ずチェック・リコールを行い，適宜修正および調整を行う．

●海外遠征・大会派遣時の注意点
- 渡航時に気圧性外傷がしばしば発生するので，齲蝕や歯周病等，また修復物や補綴物の状態を精査し，事前処置の推奨と発生時の対応を指導しておく．
- 遠征先でのトラブルに備えて，現地の医療情報の収集，海外医療保険の加入状況，本人や帯同スタッフとの緊急連絡網などを確認しておく．
- 在外公館医務官情報サイト（http://www.mofa.go.jp/mofaj/took/medi/index.html）で世界の医療情報を入手できるので，調べて伝えておくとよい．

1. ボクシング

磯山 永次郎, 齊藤 整, 中禮 宏

サポートの基礎知識 ボクサーのパンチ力は300〜600kgfにも達し[1,2], 歯・顎・口腔領域にも破壊的なダメージを及ぼすため, ボクサー自らが歯の防具を求めて, 初めてMGが使用され始めた競技である. ルールでも一番古くから装着義務化された競技である. 世界最古のMGは, 1892年頃に英国ロンドンの開業歯科医Woolf Krause氏の手によるガッタパーチャ製であったとの記録が残っている[3]. なおMGのほかに, ジュニア大会やオリンピック(アマチュア)ではヘッドギア, ランニングシャツ(赤・青), 腹部(カップ)プロテクターの装着も義務付けられる.

事 例 プロボクサー(24歳, 男性)

経 緯 プロ2戦目を迎えるにあたり, 快適なカスタムMGで試合に臨みたいと希望.

サポート内容 歯科検診, PMTC, MG製作(希望事項:カラーのみ), 試合後のフォローアップ.

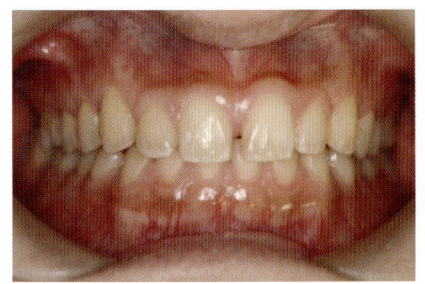

図1 初診時(正中離開症例)

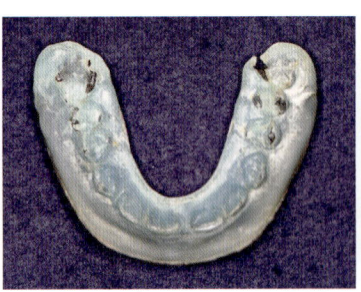

図2 旧MG(既製Boil & Bite, 3年使用)

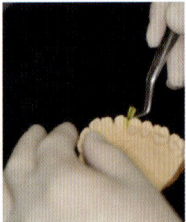

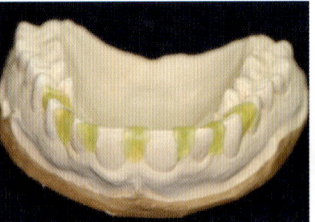

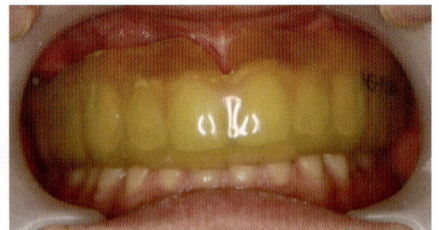

図3 サーモフォーミング事前処理(歯間空隙部の小片填塞)

図4 完成MG(MG21, 唇頬側4mm厚仕上げ)

ポイント

1. ボクシングの公式ルールでは, 伝統的に「ガムシールド(gumshield)」と記載される.
2. 国際ボクシング協会のルールでは, 口腔内からの出血と見間違う恐れがあるため, 赤色MGは禁止となっている(一部分の赤色も不可:AIBA TECHNICAL RULES:19.1., 19.2.)[4].
3. 歯科外傷リスクが最も高い種目の1つなので, 唇頬側面4mm厚仕上げとし, 最大限の衝撃吸収性能を確保する. 呼吸障害に留意すべきだが, 発音障害に配慮する必要はない.

2. ラグビー（1）；小学生

林 良宣，林 万紀子

サポートの基礎知識 日本ラグビーフットボール協会のU-12（小学生・ミニラグビー）規則では，「安全を最優先する目的でMGを装着することが望ましい（推奨）．ただし骨格の発育段階であり，永久歯が生え変わっていない乳歯のある場合，および歯科矯正などを行っている場合もあるので，専門医に相談することを推奨する．」と定められている．

事 例 ジュニア・豊橋ラグビースクール（幼稚園年長・小学生・中学生対象，図1）．

経 緯 著者らが技術指導しているラグビースクールにて，1992年からMGの製作提供および管理を行っている[1,2]（図2，3）．

サポート内容 選手のかかりつけ歯科医院でMG製作可能ならば，そちらを受診してもらう．対応不可であれば，著者らの医院で製作する．当院での受診からMG提供までの流れは，1. 電話予約，2. 初診：申込み用紙記入，歯科検診，印象採得，3. 再診：1週間後に試適，調整，完成，取扱い説明．交換期のジュニア選手には年2〜3回の再製が必要になることを説明する（図4）．当院では年度内の再製作は費用の負担軽減のため，割引制度を行っている．

図1 豊橋ラグビースクール
図2 MGを使用する生徒 
図3 現場でのMG調整 
図4 交換期の口腔内 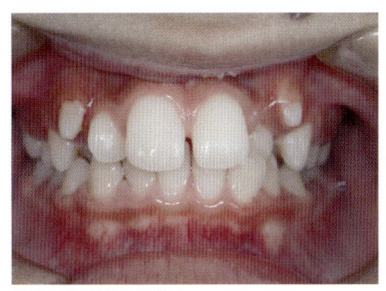
図5 保護者向け説明会 
図6 年度毎のMG 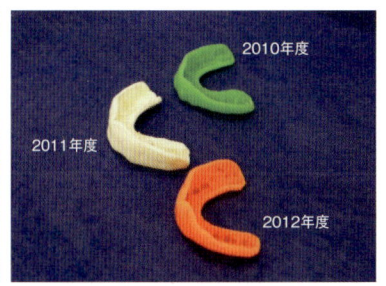

ポイント

1. 説明会（毎年4月開催，図5）等を通じて，保護者，指導員およびチーム管理者にMGの必要性を認識してもらう．
2. 当スクールではMGの色は統一し，年度ごとに色を変えている．製作年度が判別でき，管理しやすい（図6）．

2. ラグビー（2）；中・高校生

額賀 康之

サポートの基礎知識 日本ラグビーフットボール協会の競技規則で，U-15（中学生）およびU-18（高校生）はMGの装着が義務化されている．成長期にある選手の安全対策は欠かせないものであり，原則として協会が推奨する専門の歯科医などで製作し，安全を考慮したものすること，また白，乳白色，透明，黒，濃紺などとし，口腔内や唇から出血していると見紛うような赤色や華美な色は禁止とすることが規定されている．

事例 高校生（16歳，男子）．

経緯 嘔吐感が激しくてMGを入れていられない．試合で外していたらレフリーから注意を受けた．嘔吐感のないMGを希望．

サポート内容 当該選手は中学1年生からラグビーをしていたが，嘔吐感のためMG着用の努力をしてこなかった．永久歯列完成期の選手の場合，通常5mm厚シートにて製作するところを3.8mm厚シートにて製作し（図1），チェアーサイドで形態修正を加えた（図2，3）．その結果，後縁を第一大臼歯近心まで切削し，小臼歯より後方の口蓋側被覆を全て削除することで，嘔吐感が消失した．

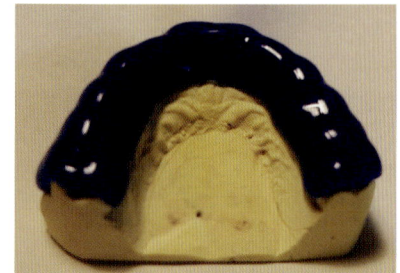

図1 MG（EVA，唇側2mm厚仕上げ） 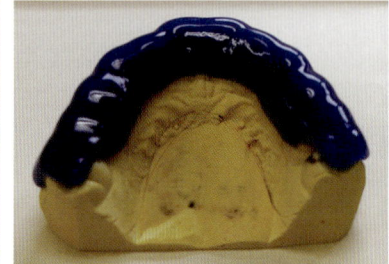　図2 調整中 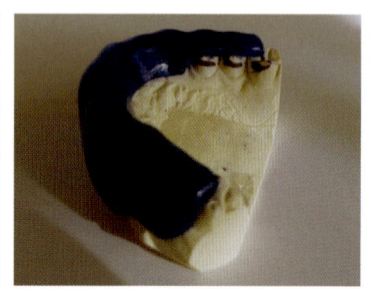　図3 調整後

ポイント

1. MGの着用を習慣付けるためにも，外傷防護能と快適性を両立した良質なMGを提供する．
2. 安全確保のために，試合中だけでなく，練習中もMGの着用を指導する．
3. MGの設計は標準外形，唇側2.5mm厚を目安とするが，中学生レベルでは発育の個人差が大きいため，体格差を考慮して，厚みを加減する．
4. 永久歯列完成前および矯正治療中の選手の場合，必要箇所を適切にリリーフして製作する．
5. 中・高生になると保護者の生活管理が及びにくくなることから口腔環境の悪化が生じることがあるので、注意する．

2. ラグビー（3）；大学生

長谷川 賢

サポートの基礎知識 大学ラグビーは日本で非常に人気があり，競技人口も多い．大学生ともなると，フォワードの平均体重は81.6〜91.4kg，バックスの平均背筋力は184.0〜216.6kgにもなり[1]，コンタクト時の衝撃はきわめて大きく，傷害事故が多く発生するため，安全対策は重要である．ルール上，大学生にはMG着用の義務は求められていないが，中学および高校時代からMGの着用が習慣付けられている選手が多いため，自主装着率は79％と高い[2]．

事例 明治大学ラグビー部，早稲田大学ラグビー部，女子ラグビー選手．

経緯 筆者は明治大学ラグビー部コーチの経験があり（図1），歯科医師の立場からラグビー選手およびチームのサポート活動を継続している．選手からは，口腔内とMGのチェックをしてほしい，MGを新調したい，破折歯の処置をしてほしい，齲蝕治療をしてほしい，智歯を抜きたいなど，さまざまな相談が寄せられる．

サポート内容 スポーツ歯科講習会（図2），歯科検診，歯科治療，MG製作（図3，4）．

図1　明大ラグビー部コーチとして

図2　スポーツ歯科講習会（早大）

図3　ラミネートMG（男子ラグビー選手，EVA，唇側3mm厚仕上げ）

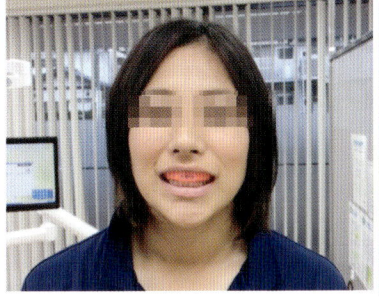

図2　MG（女子ラグビー選手，EVA）

ポイント

1. MGは唇側3mm厚を確保し，発音障害および呼吸障害に留意する．
2. MGを体の一部とするために，試合だけでなく，練習中も装着するように指導する．
3. 埋伏智歯の存在は顎骨骨折リスクファクターの1つであり，予防抜去が推奨される[3]．
4. 智歯抜去を行う場合，術後疼痛や腫脹などによるコンディション低下から100％レベルまでの回復に平均4.2日要するので[4]，事前に競技スケジュールを確認する．

関東医歯薬大学リーグからマウスガード義務化への道
～ラグビーMG義務化への第一歩～

月村 直樹，大野 繁

　関東ラグビーフットボール協会メディカルソサエティー歯科委員会では，口腔外傷の予防に有効であるMGの有用性を明らかにする目的で，1994～1999（平成6～11）年度の6年間における日本ラグビー協会の障害見舞金制度に請求された全症例について調査を加えた[1]．その結果，口腔外傷および脳震盪はそれぞれ50例（9.8％）および46例（2.9％）であったことから（図1），日本協会では高校生以下のMGの義務化に向けて検討に入った．

　一方，関東協会としては，選手自身が将来医療職に携わることから，委員全員が学生時代に所属していた関東医歯薬大学リーグへMG装着の啓発を行うこととした．1996（平成8年）度から試行期間として，安全講習会において選手へMG装着を促すと同時に，カスタムメイドMGの供給がスムーズに行えるシステムづくりに着手した．

　まず最初に，歯科医師がカスタムメイドのMGが提供できるように参考テキスト「ラグビー用マウスガード製作法[2]」を歯科委員会で編纂し，1998（平成10）年に発刊した．さらに，各歯科大学ラグビー部のOBに声をかけて，同じ価格でMGが提供できるネットワークの構築を図った．すなわち，選手が協会にMGの製作希望を伝えると，MG製作講習会を受講修了し，登録された近隣歯科医院を紹介するシステムである．

　3年の試行期間を経て，1999（平成11）年度より他リーグに先駆けて，関東医歯薬大学リーグ加盟30校を対象にMG装着の義務化を施行した．同シーズン終了後アンケート調査を行い，MGの種別，入手時の問題点，金額，装着時の問題点，使用の可否，口腔外傷の有無を確認した．義務化はスムーズに移行でき，義務化初年度および2年目の口腔外傷はそれぞれ7.7％％および4.8％と確実に減少した[3]．

　その後7年間データを蓄積し，MGが口腔外傷予防に有意義であることを日本ラグビーフットボール協会に答申した結果，日本協会はコンタクトに十分耐え得る体力づくりや体づくりはもとより，脳震盪の予防はじめ重傷事故を防止する観点から，2006（平成18年）度から高等学校の試合に参加する選手はMGを装着することを義務付けることを決定通達した．

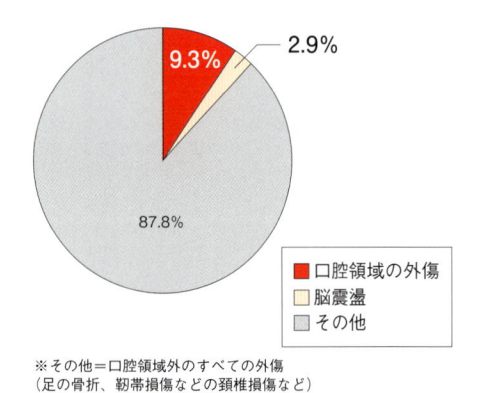

図1　全身の外傷に対する口腔領域の外傷の割合（月村ら，2000[1]）

※その他＝口腔領域外のすべての外傷
（足の骨折，靱帯損傷などの頚椎損傷など）

口腔領域の外傷 9.3%
脳震盪 2.9%
その他 87.8%

図2　口腔傷害の有無（2012年調査）

あり 3%
なし 97%

※ありの内訳
口唇・口腔内裂傷　　11件
歯の破折・脱臼　　　 1件
顎骨骨折・顎関節損傷　0件
※脳震盪　　　　　　 4件

2. ラグビー（4）；社会人

武田 友孝，中島 一憲

サポートの基礎知識 1995年アマチュア規程の撤廃によるプロ化容認以降，世界レベルのラグビーは大きく変革した[1]．世界レベルの選手には，パス，ランニング，キックおよびコンタクトといったスキルを総合的かつ高いレベルで保持することが求められる[2]．我が国の社会人およびトップリーグでも，外国人の選手や指導者の加入などもあり，フィジカル，パワー，技術および戦術の高度化が格段に進み，コンタクトの衝撃力は増している．大学生と同様，社会人もMGの着用は義務ではないが，自主装着率は高い．ラグビー大国ニュージーランドでは，1998年からすべてのカテゴリーでのMG着用が義務化されている[3]．

事例 トップリーグ所属選手（24歳，男性）．

経緯 タッチフット練習中に，相手選手と上顎前歯が衝突し，食事時に痛む（図1）．当該選手は試合時のみMGを着用し，事故当時の練習中は未使用であった．

サポート内容 外傷歯整復固定，ハード＆スペースMG[4,5]の提供，経過観察．

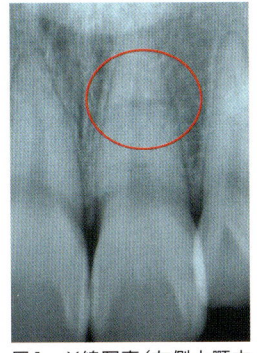

図1　X線写真（左側上顎中切歯・歯根破折）

図2　1層目のEVA材にスペース部のマーキング（左図），そのスペースをシリコンパテで埋め，2層目のアクリルを形成（右図）

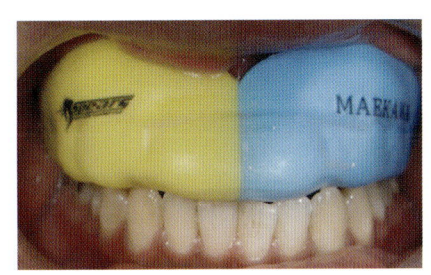

図3　ハード＆スペース・ラミネートMG（EVA）

図4　受傷1年後（歯髄生活反応＋，変色−）

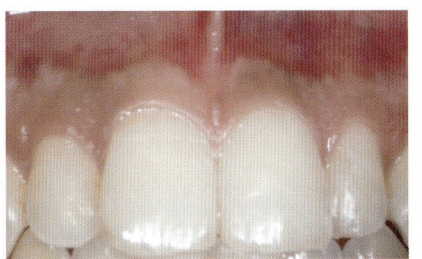

ポイント

1. 外傷歯の診断・治療は国際外傷歯学会ガイドライン[6]に準じて行う．
2. 競技復帰に際して，種目特性やレベルを考慮して，患部保護と再受傷防止に努める．
4. MGは試合だけでなく，練習でも着用するよう指導する．

3. アメリカンフットボール

松田 成俊

サポートの基礎知識 アメリカンフットボールチームの多くはドクター，トレーナー，デンティストなどのメディカルスタッフを有し，安全教育，応急処置，歯科治療，プレーの去就判断を行っている．主な大会にはゲームドクターも協会から派遣され，救護活動を担当する．チームデンティストの役割は定期検診，口腔衛生指導，歯科治療，MG製作提供，帯同サポートなどである．国内規則で1994年からMG着用が義務付けられている[1]．

事例1 大学生・ワイドレシーバー（20歳，男性）．

経緯 強い嘔吐感のため，MGを切断加工していたのを定期検診で発見した（図1）．

サポート内容 旧MGを参考に，臼歯口蓋側被覆を薄くかつ短くしたMGを新製した（図2）．

図1 旧MG（選手が臼歯口蓋側を切断し薄く加工した）

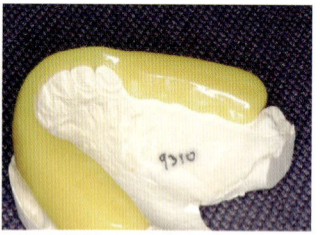

図2 新MG（MG21，ロストワックス製法，唇側2mm厚仕上げ）

事例2 オフェンスコーチ（38歳，男性）．

経緯 バイク交通事故にて，下口唇および歯肉損傷，1|歯冠・歯根破折および|1 2歯冠破折．顎骨骨折はなかった．歯の破折片は持参しなかった．

サポート内容 外傷歯は直接覆罩およびコンポジットレジン修復処置を行った．本人の復帰要望に答え，患部保護に配慮した特製MGの着用を条件に，練習参加を許可した（図3）．

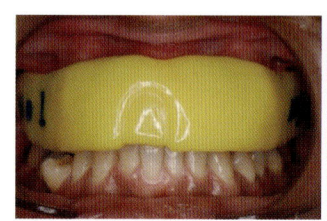

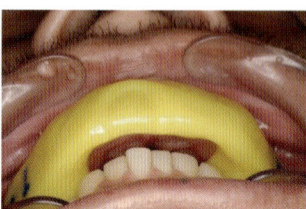

図3 特製MG（MG21，ロストワックス製法，患歯周囲にスペースを確保し，緩衝帯を設けて，直達性外力が加わりにくいように工夫した）

ポイント

1. チームスポーツの中でも，特に頻繁にサインコールや情報交換等が行われる競技種目なので，MGを製作提供する際，発音障害の回避に最大限努力する．
2. ヘルメット，フェイスマスクによる防護効果もあるので，唇頰側2mm厚仕上がりでよい．
3. 競技規則では，すべての上顎歯を覆うようにすることと明記されているので[1]，小型のMGは許可されない．また下顎前突者でも上顎MGで対応する

4. アイスホッケー

三ツ山 晃弘, 高橋 敏幸, 上野 俊明

サポートの基礎知識 カナダ発祥のスポーツであり「氷上の格闘技」とも呼ばれる. 試合ではプレーヤー間をパックが頻繁に行き交い, 激しいコンタクトとともにスピーディーな攻防戦が繰り広げられる. チームスポーツでは最もスピードが出る競技であり, フルスピードでの滑走では時速60km, パックスピードは時速190kmにも達する[1]. アイスホッケーでは歯科外傷が頻発し, 日本のクラブチーム (44名, 20〜40歳) の調査データでは, 歯科外傷経験率は56.8％と報告されている[2]. フィンランドの分析データによれば, 歯科領域の外傷発生率は7.1％を占め, 歯の破折および顎骨骨折事故は6.5％という[3]. 国際規則ではプレーヤー全員にカスタムMGの着用が勧告され, U-20カテゴリーは義務化されている. なお国内基準では, プレーヤー全員にMG着用が義務付けられ, 使用カラーの制限も通達されている.

事例 高校アイスホッケー部所属選手29名 (16〜18歳, 男性).

経緯 歯科外傷およびMG使用実態に関する調査 (**図1, 2**) に協力してもらい, その後MG製作提供を行った.

サポート内容 MG製作 (**図3, 4**).

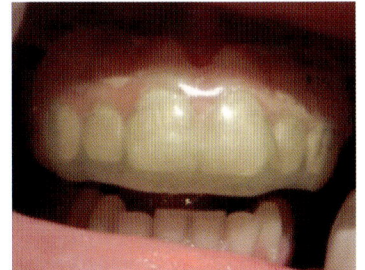

図1 不適合かつ損耗した既製MG (Boil&Bite)

図2 咬合不良なカスタムMG

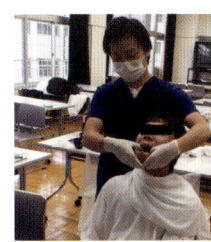

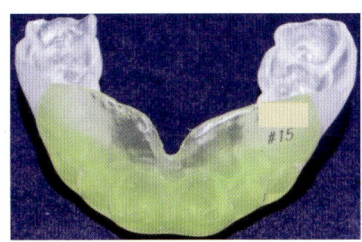

図3 現場出張風景　図4 提供品 (ラミネートMG, 唇側3mm厚仕上げ)

ポイント

1. 高校生レベルでは, 形態不良なMGや変形・損傷したMGを使用し続けている者が多い.
2. 基本的知識が不足しているので, MGの取扱いや清掃保管法を指導する必要がある.
3. 咬合調整されていないMGは顎関節障害を惹起するので, カスタムとして許容されない.
4. MG設計は一般コンタクトスポーツに準じ, 標準外形で唇側3mm厚とする.
5. 全体が白, 透明, ベージュの色のMGは禁止 (リンク落下時の発見が困難).

5. インラインホッケー

船登 雅彦，関根陽平

サポートの基礎知識 インラインスケートを履いて地表で行うホッケーであり（図1），スティックでパック（硬質ゴム製，図2）を打ち合う[1]．アイスホッケーと同サイズのフィールドを使用し，プレイヤーの人数は1人少ない．ルールもアイスホッケーと概ね同一であるが，ボディチェック（体当たり）や故意の身体的接触は禁止されているため，サーフェイスの問題による転倒外傷が多い（図3）．18歳以下のプレイヤーには，ストラップ付ヘルメット，フルフェイスマスク，エルボーパッド，グローブ，マウスガード，ニー＆シンガードの着用が義務付けられている．国際連盟では，すべてのプレイヤーに，練習および試合ともに，ヘルメット，フルフェイスマスクおよびマウスガードの着用を強く推奨している．

事例 インラインホッケークラブおよび大学生（図4，5）．

経緯 スポーツ歯科およびMG使用に関する意識調査に協力してもらい，歯科外傷予防に向けた啓発活動を行っている．

サポート内容 歯科検診，歯科治療およびMG製作．

図1　練習風景 　　図2　パック（練習用） 　　図3　転倒したプレイヤー

図4　プレイヤー 　　図5　ゴールキーパー

ポイント

1. フェイスマスク付きヘルメットを着用するので，MGの設計は標準外形で，唇側2mm厚仕上がりでよい．
2. 選手間での会話や指示が勝敗を決めるので，発音障害と呼吸障害に留意する．

6. 野球（1）；高校生

吉田 雅司

サポートの基礎知識 野球ではファウルチップやイレギュラーバウンド時のボール衝突による歯科外傷がしばしば発生する．学校管理下の課外活動（部活動）における歯科外傷好発種目の1つであり[1]，安全教育の充実とMG着用の推進が強く提案されている[2]．2010（平成22）年には，公益財団法人日本高等学校野球連盟が「高校野球用具の使用制限」に係る規則において，「マウスガード（マウスピース）：白または透明なものに限り使用を認める」と定めており[3]，日本高等学校野球連盟ならびに各都道府県高等学校野球連盟が主催する各種大会のほか，明治神宮大会および国民体育大会にも適用される．

事 例 高校生，投手（17歳，男性）．

経 緯 守備練習中，イレギュラーバウンドしたボールが顔面に当たって，歯と口を受傷した．近歯科医にて応急処置を受けた後，当院に紹介された（図1）．

サポート内容 外傷歯治療（図2）および経過観察（図3），MG製作（図4）．

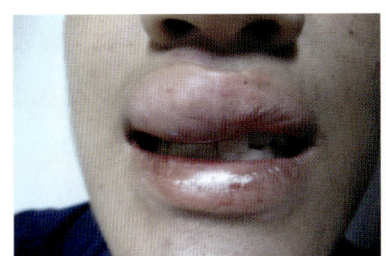

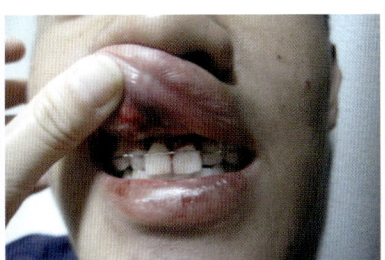

図1 初診時（上口唇腫脹，口唇粘膜裂傷および右側上顎中切歯脱臼，左右犬歯間ワイヤー整復固定済み）

図2 受傷後1年後（外傷痕と上唇の状態は良好．歯肉炎を認める）

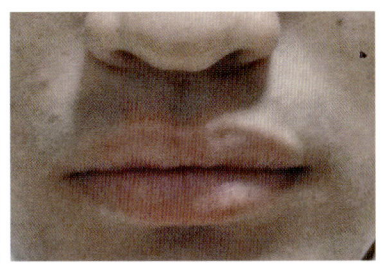

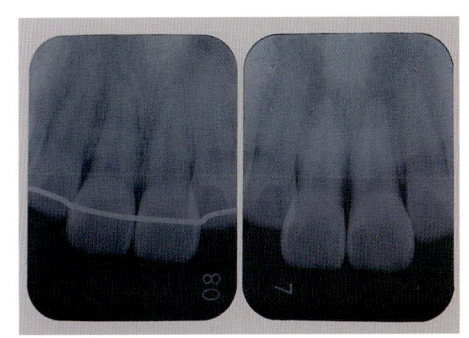

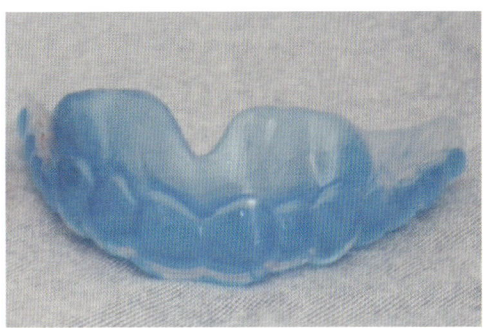

図3 X線写真（左図：初診時，右図：6カ月後）

図4 MG（MG21，唇側2mm厚仕上げ）

ポイント

1. MGの設計は標準外形もしくは臼歯部頬側被覆を歯頸線付近に留めても可[4]，唇側2mm厚仕上がりでよい．
2. 学校歯科医と連携して，事故あるいはヒヤリ・ハット事例に基づいた安全教育と歯のけがの応急処置を指導する．MG装着後の口腔清掃を徹底する．

6. 野球（2）；野球大会サポートについて
全国高等学校野球選手権記念大会，選抜高等学校野球大会

吉川 一志

サポートの基礎知識 全国高等学校野球選手権記念大会（夏の甲子園）／選抜高等学校野球大会（春の選抜）および全日本高校選抜チームのサポート．

経緯 2004（平成16）年に，日本高等学校野球連盟（以下，高野連）から，「野球をする際にMGが必要か」という問い合わせが大阪歯科大学に寄せられた．協議の結果，夏の甲子園後に結成される全日本高校選抜メンバーに対してMGを提供し（図1，2），その使用感等を調査して（図3），MGの必要性を判断することとなった[1,2]．これが契機となり，2006（平成18）年からは，ネオ製薬工業株式会社の協力のもと，夏の甲子園および春の選抜大会出場全校に対し，歯の救急保存液が配布されている（図4）．

サポート内容 MG製作（全日本高校生選抜チームメンバー延べ約100名），歯の保存液配布（夏の甲子園／春の選抜大会出場校）．

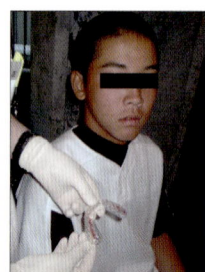

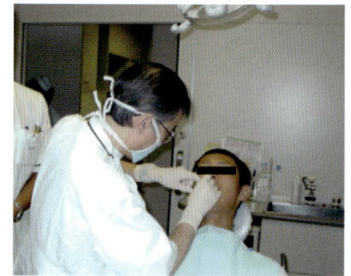

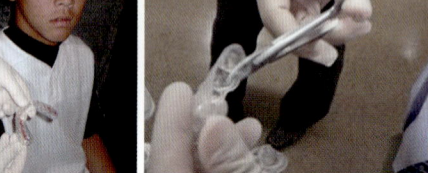

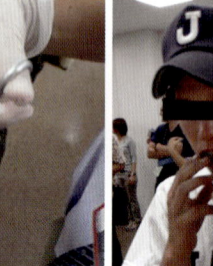

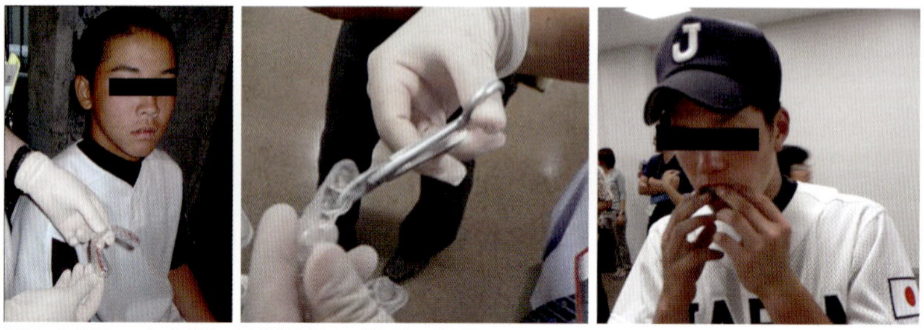

図1　MG用印象採得風景　　図2　MGセット（現場での調整および取扱い指導）

図3　聞き取り調査（甲子園球場） 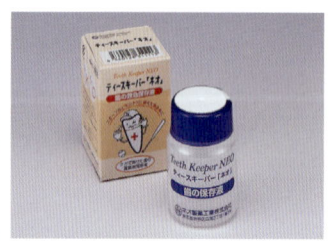　　図4　配布した歯の救急保存液

ポイント

　本調査研究の結果，MGの使用効果が認められたことから，高野連ではMG着用を許可する判断を下した（白または透明なものに限り使用を認める，2010年）．

　しかし共同研究を進めていくうちに，高野連の見解として，選手間およびチーム間にハンディキャップは存在してはならず，MGを使用することにより運動能力の向上が存在するならば，その使用の禁止も視野に入れなければならない考えであることが判明した．

　したがって現段階では，高校野球におけるMG着用は外傷予防を主目的とするべきで，パフォーマンスへの影響等については今後さらに検討を重ねる必要がある．

6. 野球(3)；社会人・プロ野球

武田 友孝, 中島 一憲

サポートの基礎知識 社会人・プロ野球界におけるメディカルおよびフィジカルチェックは欠かせないものとなっており，チームドクターや専属トレーナー等がサポートを行っている[1,2]．特にプロ野球の場合，疾病や外傷・障害は選手生命を脅かし，報酬にも大きく影響する重大な問題であり，球団・親会社にとってもチーム成績や経営面に影響しかねない．ただ野球界全体として見ると，まだ選手個人や各球団の裁量に任されている部分が多く，メディカルケアシステムが標準化されていないという[3]．そのような中，近年，コンディショニングの一環として，デンタルコンディションも意識する選手が増え，MGを着用してプレーする姿も散見されるようになってきた．

経緯 フィジカル担当トレーナーよりの相談を受け，球団の依頼により，10年ほど前より主にシーズンオフに歯科検診を行い，必要に応じて歯科保健指導，治療，マウスガードの提供などを行ってきた．

サポート内容 スポーツ歯科講習会，歯科検診・カウンセリング，歯科治療，MG製作．

図1 チーム内講習会 　　図2 歯科検診 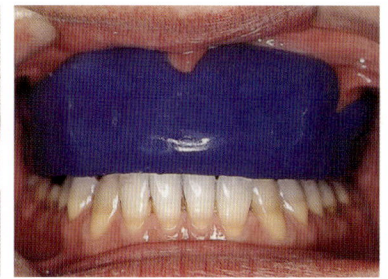　　図3 MG（ポジション：内野手, EVA）

ポイント

1. 選手だけでなく，監督やコーチ，トレーナーなどのスタッフにも，スポーツ歯科医学の知識を普及する．
2. MGの設計は，選手の口腔内状況，ポジションおよび使用目的等を考慮する．
3. 自主トレ，キャンプ，オープン戦を含めシーズンは長期にわたるので，必要に応じて複数個のMG提供を行う．
4. トラブル発生に備え，全国レベルでのスポーツ歯科ネットワークの構築が望まれる．

7. ソフトボール

鈴木 浩司

サポートの基礎知識 ソフトボールは，基本的に野球と同様と考えてよい．対人衝突による外傷事故より，打撃ではファールチップ，守備ではイレギュラーバウンドしたボールを顔面に受けて受傷するケースが多い(**図1**)．特に初心者や初級者では，スピードへの対応力不足，さらに，疲労等が加わり，事故が発生する場合が多い．トスバッティングや守備ノック練習中に発生するケースも多い[1]．女性競技者が多いので，特に顎顔面外傷に対するケアは十分に行い，醜状障害等を残さないよう配慮する．審美性に直結する問題であり，自分で受けるショック以上に他人に与える印象が大きいからである．近年，競技者によってはMG装着で投球が安定したケースもあり[2]，パフォーマンス面に期待する向きもある．

事例 社会人選手(26歳，女性)．

経緯 歯科検診の希望ならびにMGをつくって欲しい．

サポート内容 歯科検診，歯科治療，MG製作(**図2，3**)．

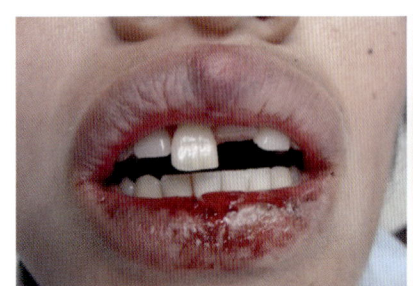

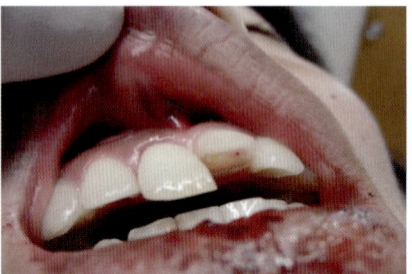

図1a：左側上顎中切歯の歯冠破折(ファウルチップ直撃)，b：同咬合面観

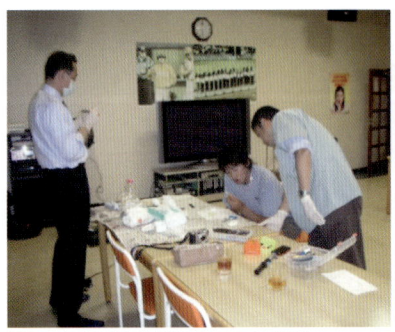

図2　北京五輪代表選手へのMG提供 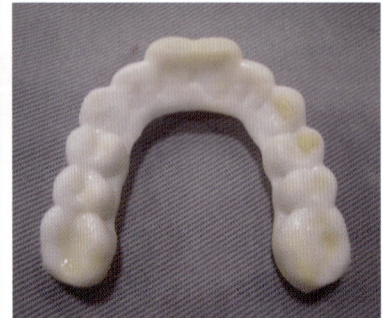　　図3　北京五輪で使用されたMG

ポイント

1. MGの設計は標準外形とし，最低でも2mm厚仕上げにする必要がある[2]．
2. ルール上，MGのカラー指定や制限はない．女性競技者が多いので，ファッション性にも配慮すると喜ばれる．

8. サッカー（1）；ジュニア・ユース

中禮　宏，上野俊明

サポートの基礎知識　学校管理下での課外活動（体育的部活動）で発生する外傷・障害の多くは球技種目で発生しており，サッカーも高位にランキングされる[1]．フィールドプレーヤーではスライディングタックルやヘディングでの競り合い，ゴールキーパーではパンチングやダイビングキャッチなどの交錯時に，事故が発生しやすい．ただ世界的にもMGの普及率は低く，我が国の高校サッカー選手の81.8％がMGは不要とし[2]，米国ジュニア・ユース選手でも14％に過ぎず[3]，普及啓発が望まれる．最近ではむしろ顎顔面外傷後の復帰用フェイスガード（以下，FG）の事例が目立つ[4-6]．

事　例　高校生（ディフェンダー，17歳，男性）．

経　緯　試合中，ヘディングの競り合いで，相手の頭に歯と顎がぶつかって怪我をした．

サポート内容　外傷歯治療（脱落歯暫間修復，固定装置変更，最終補綴），FG・MG製作．

備　考：受傷直後，近医にて応急固定処置を受ける．右側上顎骨陥没骨折は経過観察となる．

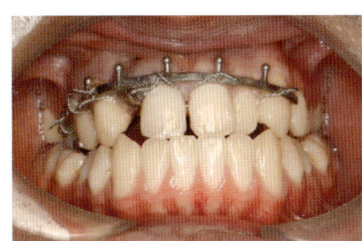

図1　初診時（2|脱落，1|，6〜3|脱臼） 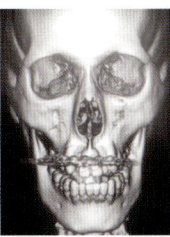　図2　3D-CT画像 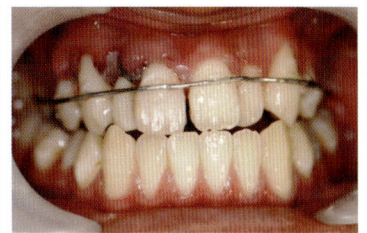　図3　2|人工歯暫間修復，およびワイヤー固定装置への変更

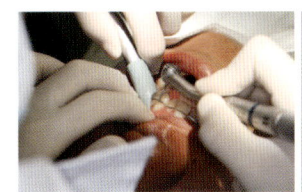

図4　固定除去およびMG装着（唇側2mm厚仕上げ） 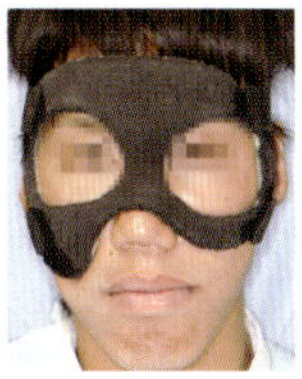　図5　FG

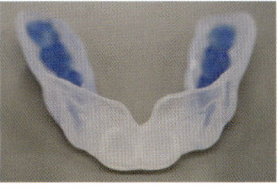

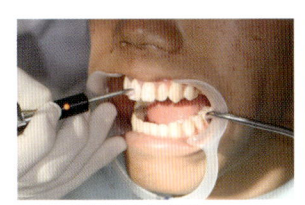

図6　経過観察（EPT） 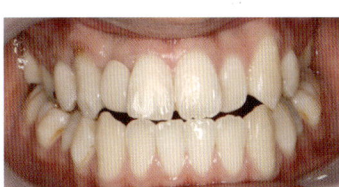 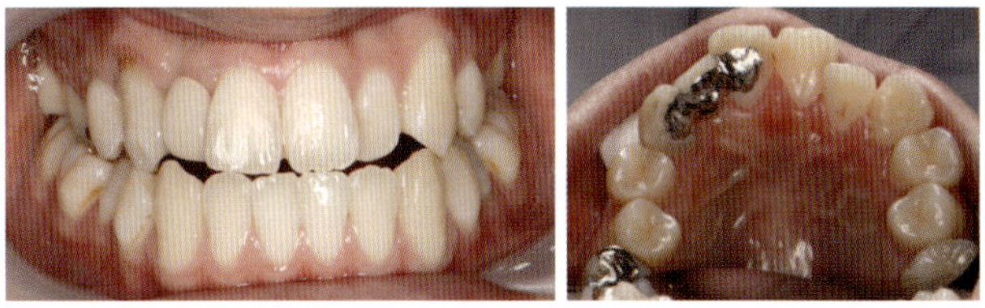　図7　最終補綴（③②①接着性ブリッジ，左図：正面観，右図：咬合面観）

ポイント

1. 復帰にあたり，患部保護と再受傷防止のため，FGおよびMGの着用を指導する．
2. ルール上，サッカーMGに色調制限はない．FGは相手選手を傷害しないようパッドなどで被覆したソフト仕上げにしなければならない．

8. サッカー（2）；プロ　名古屋グランパスのサポートについて

平岡 道郎

サポートの基礎知識　プロを含めたトップレベルのサッカーでは，コンタクトが激しいため，顎顔面外傷がしばしば発生し，分析データ[1,2]によれば，相手選手の頭部や肘接触による鼻骨，頬骨および下顎骨骨折が好発するので，MGやフェイスガード[3]による予防・復帰支援が求められる．（半）埋伏智歯の存在は下顎角部骨折のリスクファクター[4]とされるので，予防抜去によるリスクマネージメントも重要なポイントである．また，外国のプロ選手でも未処置う蝕歯数が多い[5]と報告されており，齲蝕等の歯科疾患は競技力の減退やパフォーマンスを障害するので，定期検診を通じて早期発見・早期治療に努める．

事例　名古屋グランパス所属選手へのサポート（図1）．

経緯　強化・安全対策の一環として，デンタルサポートシステムの構築を依頼された．

サポート内容　歯科検診，歯科救急マニュアル策定，口腔衛生・安全教育の実施．

検診内容　①問診表記入，②口腔内診査，③唾液検査（潜血反応），④CAT，⑤咬合検査（オクルーザー，GC社製），⑥総評カンファレンス．例年シーズンイン前にクラブハウス内で実施している．ベテランには歯科的問題が少なく，若手選手に齲蝕が多い傾向がある．今後の課題としてレントゲン検査の導入や地域歯科医との連携などが挙げられる．

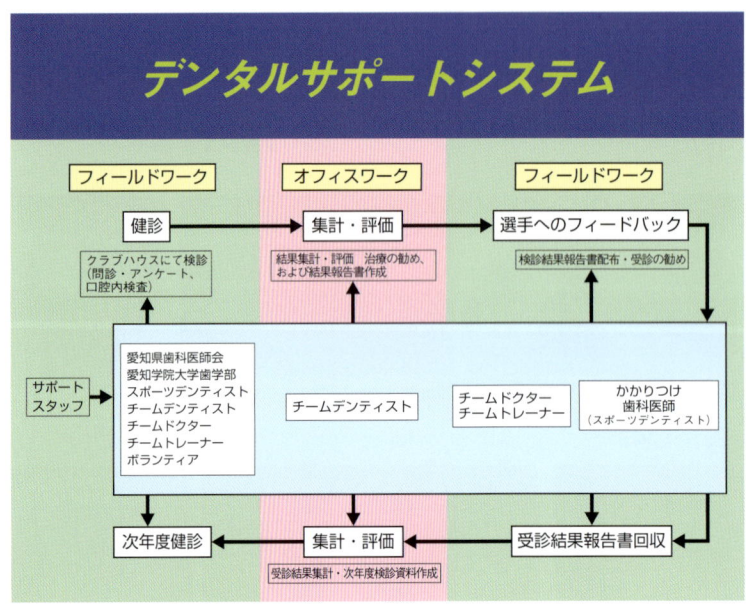

図1　デンタルサポートシステム

ポイント

1. 歯科検診後，総評を行い，前年度からの改善度をチェックし指導する．
2. 検診結果をチームドクターおよびフロントへ展開し，情報を共有する．
3. 外傷時の緊急対応や歯科急性症状治療は特にチームドクター，マネージャー，チームスタッフらとの連絡方法の確立が必要である（ドーピング・スケジュールなどを確認しておく）．

9. バスケットボール(1);小・中・高校生

西野 宏

サポートの基礎知識 バスケットボールは学校管理下で行われるスポーツの中で,口腔外傷の最も多い競技である[1].ゴール下でのリバウンドボールの取り合いの際に,しばしば事故が発生する.有効性が高いにもかかわらず,MG装着をためらう生徒も多く,十分普及しているとはいえない.指導者および保護者の理解も得ながら,MGの普及啓発を図る必要がある.

事例 高校生,17歳,男子.

経緯 バスケットボールの練習や試合中に,しばしば口の中を切る.相手選手と接触する度に,低位唇側転位歯(3|)が原因で頬粘膜に裂傷を負うため,当院に相談(図1~3).

サポート内容 MG製作・調整(図4,5).口腔衛生指導および取り扱いの指導.

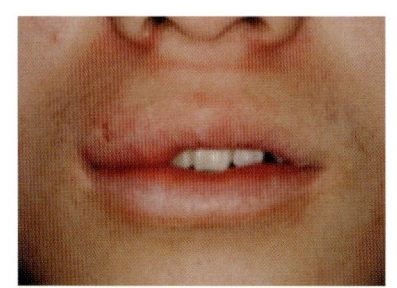

図1 口腔粘膜裂傷(口腔外所見)
図2 口腔粘膜裂傷(口腔内所見) 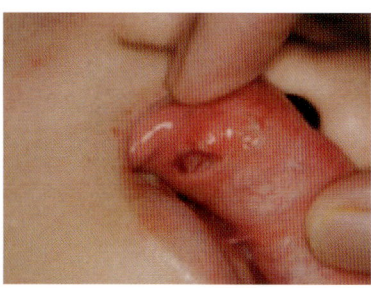
図3 口腔内正面観 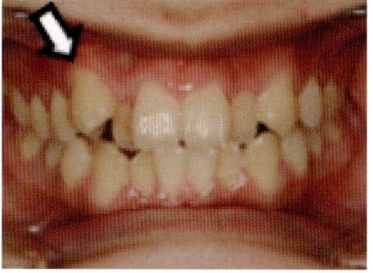
図4 MG正面観 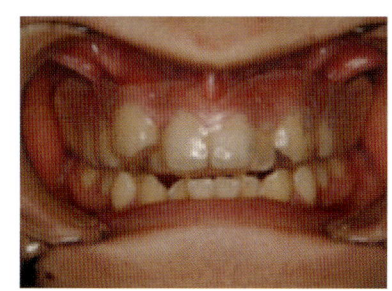
図5 MG咬合面観 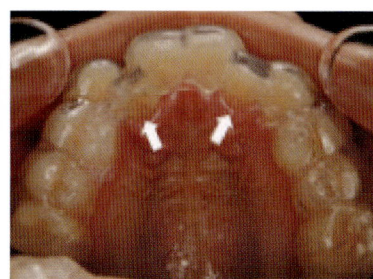
図6 MG調整後(左右側切歯口蓋側被覆を削除) 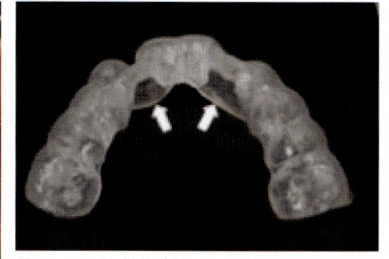

ポイント

1. 国際バスケットボール連盟公式競技規則によれば,透明なマウスガードは装着してもよい[2].
2. MGの設計は標準外形,唇側2mm厚仕上げとし,プレー中のコミュニケーションに支障を来たさないよう配慮する.発音障害を訴える場合,口蓋側被覆を削除して開放すると良い結果を得られるが[3],前歯部切縁は必ず被覆するようにする(図6).
3. 成長期の口腔内環境は日々変化するので,定期的な経過観察を行う.
4. 外傷リスクのマネージメントの一環として,不正咬合を有するジュニアには矯正治療を推奨する.

9. バスケットボール(2); プロ

近藤 剛史

サポートの基礎知識 バスケットボールは非常にテンポが早く,攻撃的で技術の必要な球技であり,米国プロバスケットボールリーグNBAは人気,実力とも世界最高峰である.日本では2005年からbjリーグ(日本プロバスケットボールリーグ)が発足しており,現在21チームが加盟している.Bjリーグでは,NBAルールを一部採用しつつ,エンタテインメント性を加味するため独自ルール[1]を制定しているので,サポートに当たっては確認しておく必要がある.なおbjリーグの他に,日本バスケットボールリーグ(JBLあるいは日本リーグ)もあるが,2013年からナショナルバスケットボールリーグ(NBL)と改組した(参加12チーム).

事 例 大分ヒートデビルズ(bjリーグ).

経 緯 大分ヒートデビルズのホームゲーム・アリーナDJMC.MAX氏より,チームの主力選手のサポート協力依頼があり,佐藤公威選手(現・アルビレックス新潟)へのMGを中心としたサポートを契機に,ヘッドコーチおよび経営会社社長の理解が得られた結果,他選手にもサポート要請があった.

サポート団体 大分県スポーツ歯学研究会,東京医科歯科大学スポーツ医歯学分野.

サポート内容 スポーツ歯科講演会(メディア取材あり),MG製作提供,アンケート調査

図1 講演風景 　　図2 メディア取材風景 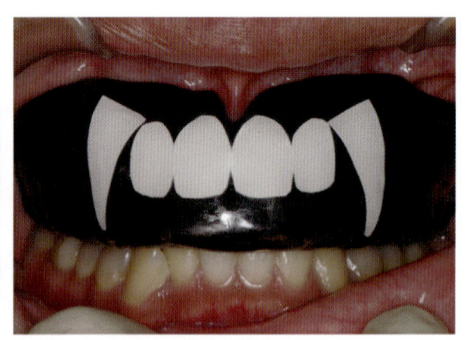　　図3 MG(EBA,唇側3mm仕上げ)

ポイント

1. プロバスケットボール選手用MGにカラー制限はない.経験上,最低でも唇側2.5mm厚を確保するべきであると考えるが,選手の多くがディテールにこだわる傾向があるので,外形,硬度,厚さ,デザイン等の希望をよく聞いて,カスタマイズ対応する.
2. プロ選手は移籍などで国内外に移り住むことも多いが,サポーターの一員として,選手やコーチと信頼関係を築き,チームから頼られる存在になるよう努める.

10. ハンドボール

木本 一成

サポートの基礎知識 ハンドボールは，運動における基本3要素の"投・跳・走"に，"捕"を加えたスポーツ競技である（**表1**）．プロのシュートは時速110〜130 kmで観客を魅了し，ヨーロッパではサッカーに次ぐ人気の国もあるといわれる．スピーディーな試合展開が魅力で，激しいボディコンタクトが多い団体球技種目であることから，MGの必要度は高い[1]．MG製作の際には呼吸や発語の妨げにならないように留意する．そこで，シングルレイヤーのカスタムメイドMGによる心肺機能と全身持久力や，発語における音声学的分析（**図1**）を検討した．

経緯 競技団体・企業，大学チームなどの依頼により，顎顔面外傷予防のためにカスタムメイドMGを製作した．その際，歯科疾患有所見者では歯科治療を行った後に，カスタムメイドMGを製作した．また合宿などに帯同し，その調整を行った．

サポート内容 メディカルサポート（歯科検診，歯科疾患の治療とその予防措置，カスタムメイドMG製作），遠征・合宿の帯同，"うっかりドーピング"防止の教育，TUE（治療目的使用に係る除外措置）事前申請の啓発支援など．

表1 ナショナル・トレーニング・システム推薦のための体力測定項目（一部抜粋：日本ハンドボール協会，2009[2]）[2]

無機的パワー：① 投パワー（長坐位ハンドボール投げ） ② 跳パワー（立ち3段跳び） ③ 走パワー（30 m直線走，30 m方向変換走） 筋力・筋パワー：（利き手握力・上体起こし・メディシンボール投げ） 形態：身長，体重

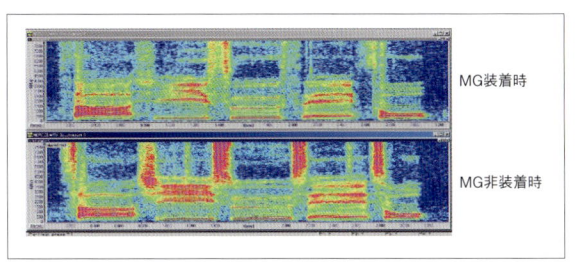

図1 カスタムメイドMG装着選手のサ行子音無声摩擦音 /s/ のスペクトログラム

ポイント

1. ハンドボール競技は，試合や練習中に外傷が多く認められるコンタクトスポーツである．
2. 顎顔面外傷の受傷を考慮し，カスタムメイドMG装着を啓発する．
3. 特にゴールキーパーでは，顎顔面外傷受傷の予防の観点からカスタムメイドMG装着による効果が発揮できる．
4. カスタムメイドMG装着による心肺機能や全身持久力への影響はみられなかった．音声分析では，母音に影響は認められなかったものの，サ行子音無声摩擦音 /s/ のスペクトログラムに変化が認められた．
5. うっかりドーピングとは，市販薬やサプリメントなどにドーピング禁止物質が含まれているとは知らずに，不注意によって禁止物質を摂取すること．故意による薬物使用だけがドーピングではない．治療のために必要な薬物は，正式な手続き（TUE）を事前申請しないとドーピング防止規則違反になる．

11. 空手道

鈴木 浩司

サポートの基礎知識 公益財団法人・全日本空手道連盟の競技規定によると，素面での組手競技においては，相手顔面への直接打撃を禁じている．しかし，双方の動きが交錯した場合や受けを誤った場合など，突きやケリが顔面に当たり，口唇裂傷や歯の破折等の外傷が発生し[1]，世界選手権での全外傷の約6割が顎顔面外傷を占めたと報告されている[2]（図1～3）．したがって素面での大会にはMG装着が義務付けられている．またメンホー装着時であっても，メンホーの変形性衝突や下顎の突き上げ等による外傷事故が生じるため（図4），MG装着が推奨される[3]．

事 例 全日本空手道連盟ナショナルチーム
経 緯 歯科検診およびMGの製作
サポート内容 歯科検診，歯科治療，MGの作製，救護，チームサポート

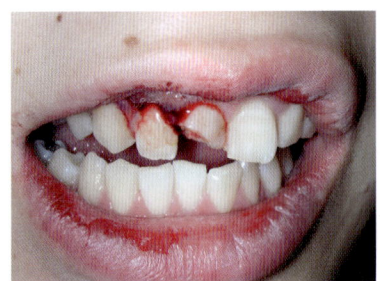

図1 歯の破折（練習中，MG非装着） 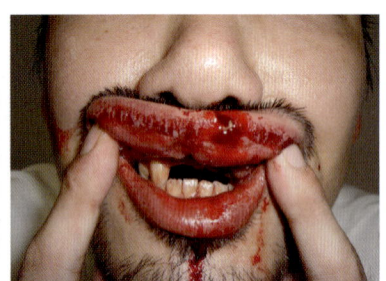　図2 口唇裂傷、歯の脱落（試合中，MG装着）

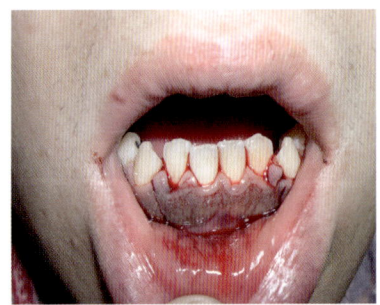

図2 蹴りによる歯槽骨骨折（試合中，MG装着） 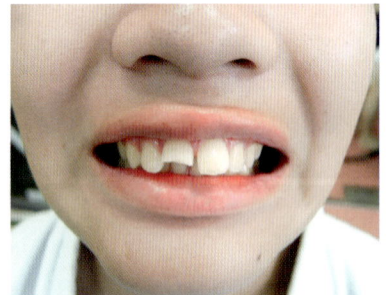　図4 歯の破折（試合中，メンホー装着、MG非装着）

ポイント

1. 歯科検診では，歯および歯周組織のみならず，咬合関係や顎関節の状況等も診査する必要がある．外傷歯や喪失歯を放置している場合もあり，外傷リスクファクターの検出とマネージメントに努める．
2. MGの設計は標準外形，唇頬側4mm厚を確保し，最大限の外傷予防効果を担保する．
3. 下顎の突き上げ事故にも対応するため，咬合面の厚みも確保する．

12. 柔道

花岡 一誠

サポートの基礎知識 柔道での頭部・顔面打撲経験率は87.4%[1]，口腔硬組織および軟組織外傷経験率はそれぞれ5～14%および45～83%で，口唇損傷が多数を占める[2,3]．とくに不正咬合を有する選手では，口唇部に相手との強い接触があると高確率で負傷する（図1，2）．背負い投げをかけられた際に相手の後頭部と衝突したり（図3），絞め技の際に口頬部を圧迫されたりして（図4），発生する場合もある．時には図5のような体勢から顔面を殴打されて負傷することもある．しかし2014年現在，全日本柔道連盟主催大会におけるMG使用は禁止されている[4]．ただ地方大会レベルであれば，MGを必要とする理由を主催者に申し出て，許可が下りれば，使用が認められる場合もある．

事例 小学生・町道場所属（12歳，男子）．

経緯 歯のチェックをして欲しい．前歯の歯並びが悪く，競技中に口唇を打つと粘膜が切れてしまう（図1，2）．

サポート内容 歯科検診，歯面清掃，予防処置（フッ素塗布），MG製作．

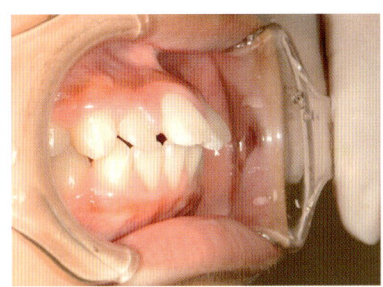

図1 口腔内写真（側面観） 　　図2 試合時（口唇が閉じていない）

図3 背負い投げ 　　図4 絞め技 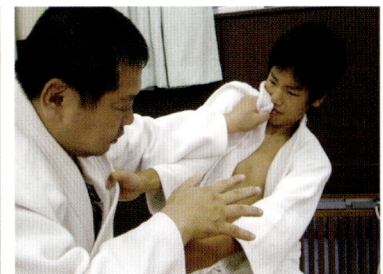　　図5 釣り手で顔面を押す

ポイント

1. 外傷のリスクマネージメントの一環として，不正咬合はジュニア期のうちに改善しておく．
2. MG設計については，口腔粘膜の保護を目的とする場合，歯の鋭縁部を覆う程度の唇側1mm厚仕上げでよいが，一定程度の衝撃吸収能を付与する場合には最低2mm厚仕上げとすることが望ましい．
3. 柔道用MGには華美な色を避け，できるだけ目立たない透明色が好ましい．

13. 相 撲

鈴木 浩司

サポートの基礎知識 相撲における口腔外傷は，立会いでの頭突きや張り手などの激しい当たりから発生することが多い．口腔外傷経験率は48.2％と報告されており[1]，外傷歯をそのままにしている力士もいる（図1，2）．ときには脱臼や下顎骨骨折を放置している力士も見られる．しばしば上唇粘膜に瘢痕組織が認められるが，これは張り手等の衝撃の強さを物語るものであり（図3〜5），71.4％の力士が稽古中に歯を食いしばる[1]．したがって積極的にMG普及が行われるべきである[2]．特に若手や外国人力士は叩かれることに慣れていないこともあり，その効果が期待できる．また，立会い時の激しい張り手により，下顎骨骨折を起こした事例がある（図4）．張り手が左下顎角部を直撃し，その部にあった埋伏智歯の部分に骨折線が見られる（図5）．コンタクトスポーツのアスリートにおける埋伏智歯の取り扱いはとても難しい問題である．筆者は選手が気にしていない限り，積極的な抜歯は控えている．

事 例 現役力士（33歳，男性）．
経 緯 歯科検診の希望，ならびにMGをつくってほしい．
サポート内容 歯科検診，歯科治療，MG製作．

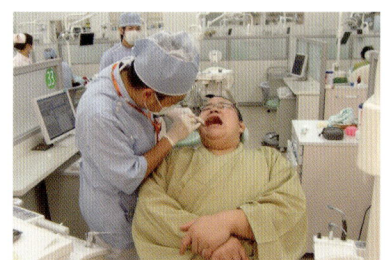

図1 力士の歯科検診 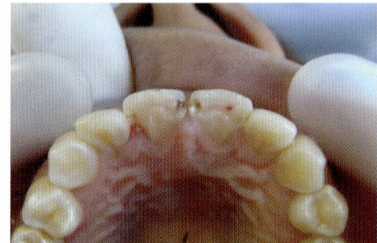
図2 歯冠破折（切縁部）．動揺も認める 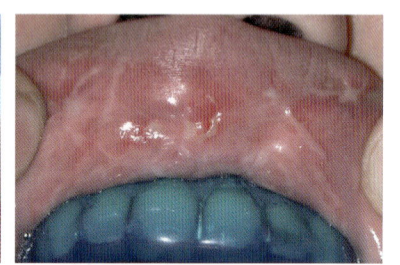
図3 張り手による瘢痕

図4 張り手による骨折　東京中日スポーツより引用
図5 張り手による骨折のX線写真像 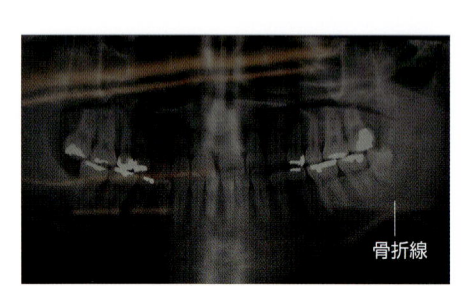

ポイント

1. 歯科検診ではクラックを含めた外傷歯を精査して，適切な処置を行う必要がある．
2. MGの設計は標準外形とし，最低でも唇頰側2mm厚仕上げにする必要がある．
3. 相撲用MGにカラー制限はない．
4. 睡眠時無呼吸症候群に罹患している力士が多く，経鼻的持続式陽圧呼吸療法（CPAP）装置を使用する者も少なくない．スリープスプリントといったoral applianceも重宝される[3]．

14. レスリング

上野 俊明，添島 沙夜香，田中 沙織

サポートの基礎知識 フリースタイルとグレコローマン（立ち技と寝技のみ，足技禁止）の2種目がある．全身の筋力を使う必要があるため，ハイレベルな体力，柔軟性，調整力，バランス感覚，また強靭なメンタルが求められる[1]．試合中は常に積極的な攻撃をしかけなければならないため，激しいコンタクトに伴う外傷事故は多い．2007年パンアメリカン競技会参加レスリング選手の歯科外傷経験率は83.3%[2]，我が国の体育系大学選手のそれは75.7%で，舌損傷，口唇裂傷，歯の破折，頬粘膜損傷の順で多かったという[3]．最近ではMGを自主装用する選手も増えてきている．

事例 強化指定選手（グレコローマン，27歳，男性）．

経緯 海外遠征前に，歯のチェックをしたい．MGが古くなったので，新調したい．

サポート内容 歯科検診・パノラマX線写真診査（**図1**），スケーリングおよびPMTC，MG製作（希望：**図2**の旧MGと同じ形状・厚みで智歯まで被覆希望．カラー希望は**図3**の通り）．

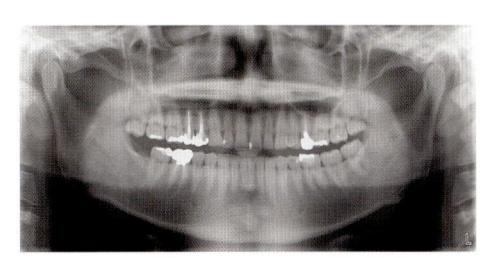

図1　パノラマX線写真（埋伏智歯や顎骨病変等の確認）

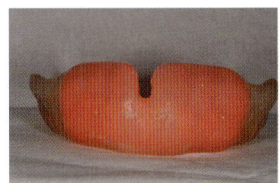

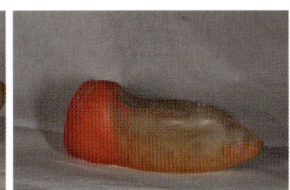

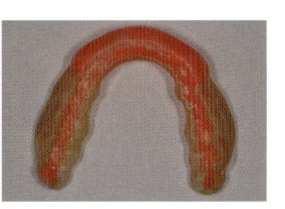

図2　旧MG．2年使用，唇側4mm，頬側3mm厚）

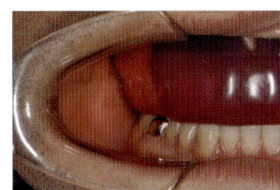

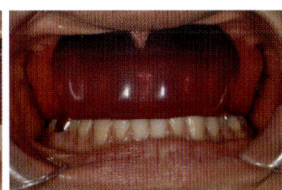

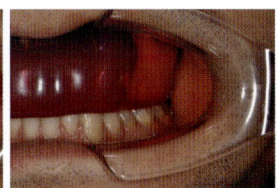

図3　新MG（内層：レッド，外層：オレンジ）

ポイント

1. 一般コンタクトスポーツに準じた設計とし，標準外形を付与し，ジュニア・ユース選手では唇側2mm厚，シニア選手では3mm厚仕上げでよい．
2. MGの耐久性は約1年であるが，使用状況，メインテナンスの良否，クレンチング習慣の有無などによって前後する．

15. 総合格闘技（MMA）

田中 英一

サポートの基礎知識 総合格闘技 MMAは「Mixed Martial Arts」の略で，米国UFC（Ultimate Fighting Championship），パンクラス，修斗（X-SHOOTO）など，様々な団体がひしめき合っている．パンチ，キック，寝技ありのため，試合中の外傷事故が多く（図1），試合中のMG着用が義務付けられている[1]．古くは「PRIDE」，現在では「DREAM」という総合格闘技のビッグイベントが行われている．

事 例 総合格闘家

経 緯 2002年頃よりプロ格闘家のMGをつくるようになり，多くの格闘家の口腔ケアおよびMG製作を行っている．

サポート内容 歯科検診，歯科治療，MG製作，現場での応急処置．

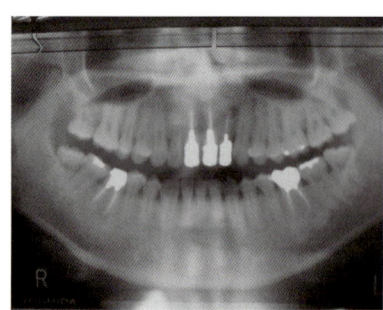

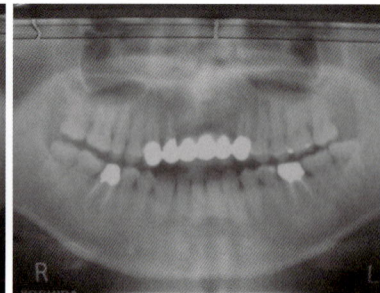

図1 2005年初診時パノラマX線写真（左図）と2010年来院時（右図）．2010年には前歯3本を欠損し，ブリッジ補綴処置が施されていた

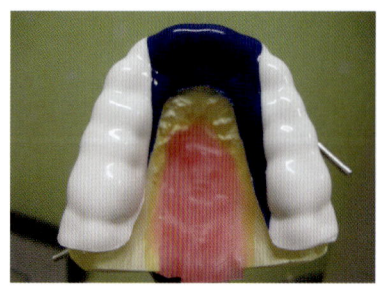

図2 咬合面観（調整前） 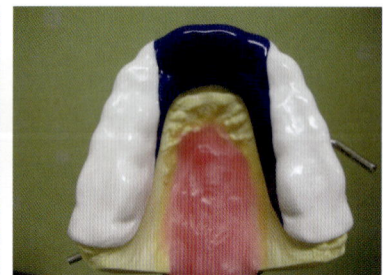　　図3 咬合面観（調整後）

ポイント

1. ボクシングと同様，唇頬側4mm厚仕上げとし，最大限の外傷防護能を確保する．
2. 打撃を受けた際の歯および下顎骨への応力集中を避けるため，対合歯圧痕は浅く付与し，全歯均等接触を与え，側方運動時に下顎がロックしないようにする（図2, 3）．
3. 練習時に負傷する例も少なくないため，練習中からMGを装着するように指導する．

16. ブラジリアン柔術

上野 俊明

サポートの基礎知識 ブラジルに移住した日本人柔道家がグレイシー一族に柔術の技を伝えたことが始まりで，創始者の名前をとり「グレイシー柔術」ともいわれる．打撃や急所攻撃は禁止，関節技や絞め技，もしくは馬乗りでの押さえ込み，投げ技からの押さえ込み，下からの返し技等の獲得ポイントで勝敗を決する．非打撃・寝技系格闘技であり，体重別10階級制度を採用する．国際ルールでは，対戦相手を傷害する恐れのある硬性プロテクター，包帯や帽子など頭部への装着物，肘・膝サポーターの着用は全て禁止である[1,2]．

事 例 ブラジリアン柔術愛好家（28歳，男性）．

経 緯 練習中に口唇や頬粘膜を切ったり，舌を咬んだりするので，MGが欲しい（図1）．

サポート内容 MG製作（前処置PMTC，通常型MGと前歯開放型MGの提供，両MGの使用感に関するNumerical Rating Scale法による評価）（図2～6）．

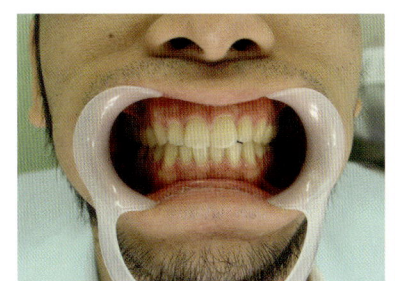

図1 口腔内写真

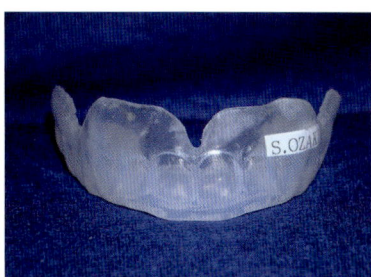

図2 初回MG，通常型

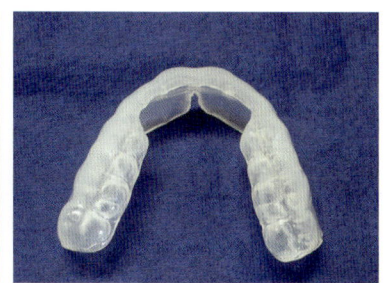

図3 改良MG，前歯開放型

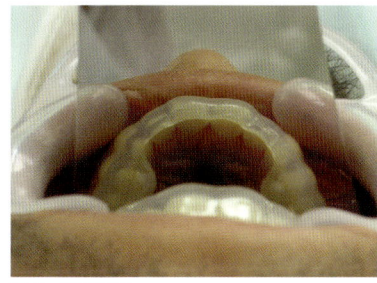

図4 MG装着

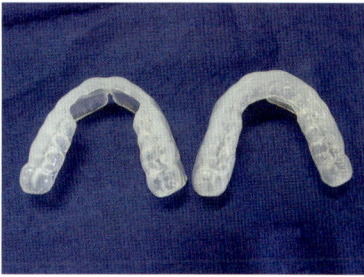

図5 両MG比較

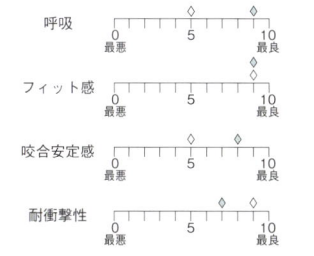

図6 NRS法による評価結果．白菱形マーク：通常型，緑菱形マーク：前歯開放型）

ポイント

＜MGの設計＞
1. 標準的外形で，2mmから2.5mm厚仕上げでよい．
2. 息苦しさを訴える場合，前歯部口蓋側を開放すると良好な結果が得られることが多い[3]．ただし耐衝撃性はやや低下するので，注意が必要である．

17. ホッケー

上野 俊明

サポートの基礎知識 木製あるいは複合材製のスティックを使い，相手ゴールに小さなボールを打ち込む．ボールは，以前は木製だったが，現在は軽量剛構造（ハニカム仕上げ）の硬質プラスティック製のものである[1]．このスティックとボールの衝突による外傷事故が多く，高校生プレーヤーの歯科外傷経験率は男子50%，女子9.5%と報告されている[2]．国際および国内競技規則でも，フィールドプレーヤーには脛当て，足首を保護するもの，およびMGの着用が推奨されており，保護用手袋の着用も許可されている[3]．また医学的理由があれば，フェイスマスクやゴーグルなどの装用も認められる．ゴールキーパーはフェイスガード付きヘルメットを着用する．国際大会・世界レベルの試合でのMG着用率はかなり高いようである．

事例 社会人クラブチーム所属選手（30歳，女性）．

経緯 MGを使ってみたいので，つくってほしい．

サポート内容 口腔内診査，前処置（PMTCのみ），MG製作（希望：カラー選択，ネーム入り，図1）．

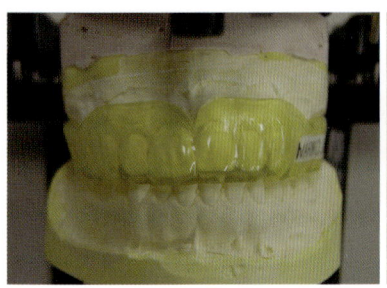

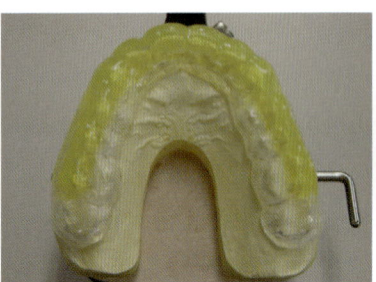

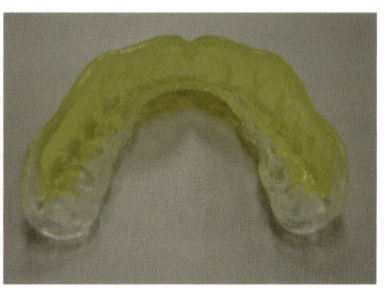

図1 MG（左：正面観，中央：咬合面観，右：粘膜面観，ラミネート式，唇側2.5mm厚，ネーム入り）

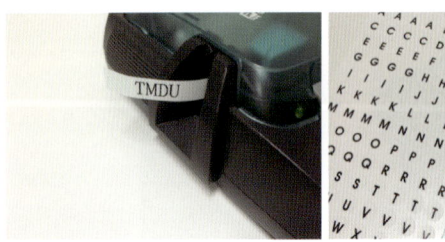

図2 ラベルライターおよび市販ステッカー

ポイント

1. 競技規則でもMG着用が推奨されているので，国内選手への普及啓発に一層努める必要がある．
2. 一般コンタクトスポーツに準じ，標準外形で唇側3mm厚を目安とするが，ジュニアおよび女子選手では2mmから2.5mm厚でよい．
3. ネームや背番号等の挿入を希望する場合，ラベルライターで印刷したシールや市販ステッカー等を利用するとよい（図2）．1stレイヤーの挿入希望箇所に接着し，その上から2ndレイヤーをサーモフォーミングして，ラミネート加工する．シングルレイヤーMGの場合，挿入予定箇所のMG面を一層削除し，そこにシールをおき，上から軟化したクリアカラーMGシート小片で被覆する．

18. 水 球

竹内 正敏

サポートの基礎知識 水中の格闘技とも言われ，負傷事故は多い．スイスの水球選手415名を対象にした調査結果[1]によれば，全身外傷経験率44.1％に対して，歯科外傷経験率は21.0％で，男女差はなかった．内訳は歯の破折（16.4％），脱臼（3.4％），脱離（1.4％）の順であった．口腔軟組織外傷も起こりやすい[2]．競技規則では，イヤープロテクター付きキャップの着用が義務化されているが，MGに関する規定はない[3]．ただトップレベルの選手を中心に，MGを自主着用する者もいるが[2,4]，スイスでのMG着用率は7.7％に過ぎないという[1]．

事 例 女子高校生水球チームの年間サポート．

経 緯 当該女子高校生水球チームは，1998年より毎年筆者のクリニックと契約し，年間を通してのデンタルサポートを受けるのが恒例となっている．

サポート内容 歯科検診，歯科治療（図1），口腔衛生指導（図2），MG製作（図3，4），スポーツ安全教育（図5）および現場でのサポート（図6）．

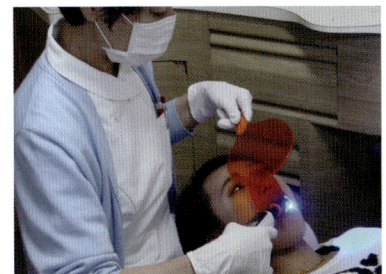

図1 歯石除去および予防充塡

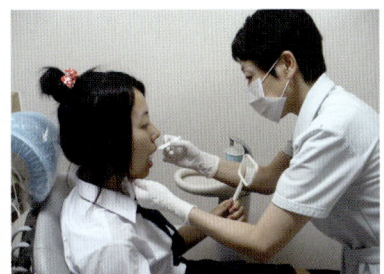

図2 口腔衛生指導

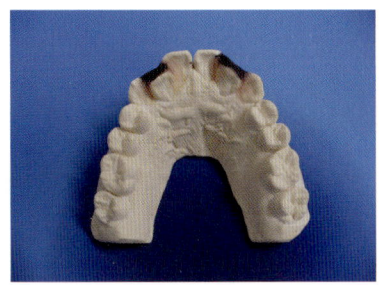

歯列不正部の補整処理を行う

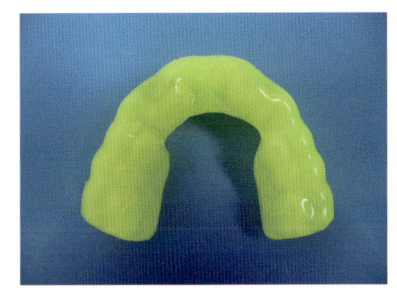

図4 MG（EVA，唇側1.5mm厚仕上げ）

図5 現場での安全教育指導

図6 女子高校生水球チーム

ポイント

1. MGの設計は標準外形で，唇側1.5～2mm厚仕上げでよい．咬合面印記は軽度とする．
2. 歯列不正がある場合，補整して唇頰側アーチをスムーズに仕上げる（図3）．
3. カラー制限はない．水中でも見つけやすいように，クリア色は避けるとよい（図4）．

19. ウィンタースポーツ（1）；スキー・スノーボード

上野 俊明，豊島由佳子

サポートの基礎知識 ジャンプ，クロスカントリー，コンバインド（複合），アルペン，フリースタイル（モーグル／エアリアル），スノーボード（ハーフパイプ／クロス）など多種多様な種目があるが，雪斜面を高速移動する点は共通で，滑走タイムであったり，ジャンプ飛行の距離や飛型であったり，跳躍，回転，捻転といったアクロバティックな技の難易度などを競う[1]．雪面や気象条件などの影響を受け，コントロール不能な状況に陥ることもしばしばで，転倒や着地失敗のみならず，他者との衝突による事故も多い[2,3]．スキーおよびスノーボード歯科外傷の比較分析を行ったオーストリア研究[4]によれば，男子で顔面骨骨折が有意に多く，スノーボードで軟組織外傷が有意に多かった（年齢・性別補正オッズ比：2.476）．アルペンスキーやスノーボード・ハーフパイプ選手を中心に，MGを自主装用する者も少なくない．フリースタイルスキーでは，ジャンプ着地時の衝撃性咬合による損傷を防止する目的で使用する例が多い．

事例 スノーボード・ハーフパイプ選手（36歳，女性）．

経緯 シーズンオフの間に，歯の審美治療をしてほしい．来シーズン用のMGをつくってほしい．

サポート内容 歯科治療，スケーリング＆PMTC，MG製作（希望：目立たないようクリアで薄めに仕上げてほしい）．

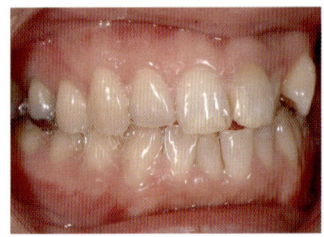

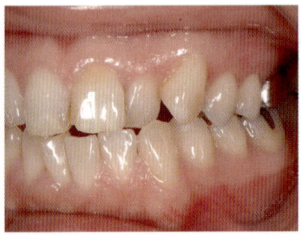

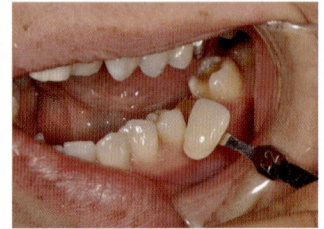

図1 口腔内写真（金属修復臼歯の審美的改善を希望）

図2 シェード採得

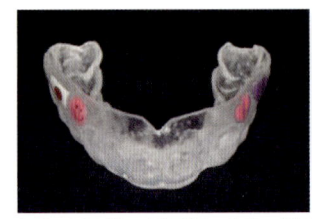

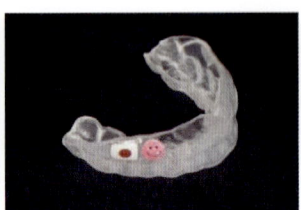

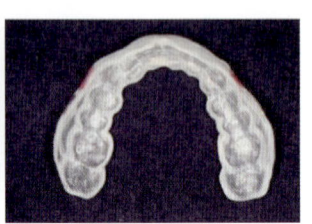

図3 MG（左：正面観，中央：側面観，右：粘膜面観，MG21・ラミネート加工・ステッカー入，トップレベル選手でMG着用歴も長く歯科外傷既往もないので，快適性重視の唇側2mm厚仕上げ）

ポイント

1. MG設計は一般コンタクトスポーツに準ずる．ただトップレベル選手では快適性を重視する傾向が強いので，口腔内状況および外傷既往歴等も勘案し，2mm厚仕上げとする場合もある．またスキー・フリースタイル（エアリアル）では，唇頬側面は口腔前庭深くまで被覆する必要はない．
2. シーズン中は国内外の山間寒冷地を転戦するため，スペアを持たせるのがベターである．

19. ウィンタースポーツ(2);フリースタイルスキー

片野 勝司, 武田 友孝

サポートの基礎知識 モーグルやエアリアルに代表されるフリースタイルスキーは芸術性と運動能力が結びついた華やかな競技である. ウィンタースポーツの中でも外傷全体の発生リスクは低いほうで, ノルディックスキー, リュージュ, カーリング, スピードスケートと同程度の5％未満と報告されている[1]. しかし脳震盪を含めた頭部外傷発生リスクが非常に高く[2], ワールドカップ7シーズン(2006〜2013, 計662名)でも245／291件(81.6％)記録されている[3]. コブ斜面滑走時の転倒やジャンプ着地時の衝撃等で口腔外傷も発生するため[2,4,5], MGが普及しつつある. 2009年世界選手権猪苗代大会でも参加11カ国中8カ国の選手がMGを着用していたと報告されている[6]. 今後ジュニア選手を含めた幅広い層への普及が望まれる.

事例 フリースタイルスキーモーグル代表候補・強化指定選手(ナショナルチーム).

経緯 競技団体からの要請で, ナショナルチームのデンタルサポートを行うようになった.

サポート内容 歯科検診, 歯科治療, MGの必要性の説明, 製作, 緊急連絡先の交換など.

図1 スポーツ歯科講習会 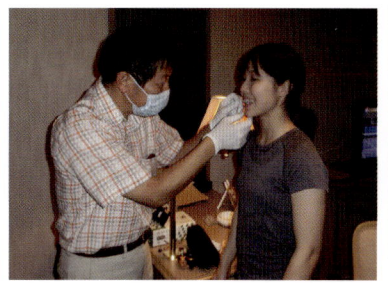　　図2 出張カウンセリングおよび印象採得 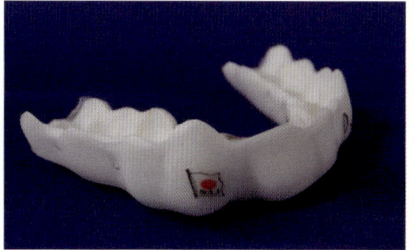　　図3 MG(EVA, ラミネートタイプ)

ポイント

1. MGの設計は標準外形, 唇側1.5〜2mm厚仕上がりで十分である[2].
2. トップ選手では, 違和感の軽減を考慮して唇頬側被覆を歯頸線に留めることもある.
3. 海外遠征などを考慮して, 複数のMGを提供したほうがよい.

19. ウィンタースポーツ(3);スケート

武田 友孝,中島 一憲

サポートの基礎知識 スピードスケート(ロングトラック),ショートトラック,フィギュアの3種目がある.ロングトラック選手の特徴は,肉体的に頑強で,脚力に優れ,心肺能力や有酸素能力が高い[1].一方,ショートトラック選手は敏捷性とスタートダッシュ能力に優れる.スキー系種目に比べて,スケート系では外傷事故は少なく,むしろ腰痛や膝関節障害の発生リスクが高い[2,3].ただ夏の合宿練習等では筋力トレーニングのほか,自転車やローラースケート練習を行うことが多く,この陸上トレーニング中に歯科外傷を負う選手を散見する(図1).したがって,冬の競技ではあるが,むしろ夏季の安全対策に留意して,安全教育やMGを普及するとよいと思われる(図2).クレンチング障害予防やトレーニング効果も期待される(図3).なおショートトラックでは,抜きつ抜かれつのレース展開の中で転倒や接触のリスクがあるため,ヘルメット,ネックガード,グローブ,ニーガード,シンガードが義務付けられている[4,5].

事例 スケート日本代表候補・強化指定選手.

経緯 日本スケート連盟からの依頼で2000年頃よりデンタルサポートを担当している.

サポート内容 歯科検診,歯科治療,MG製作,スポーツ歯科講習会,など.

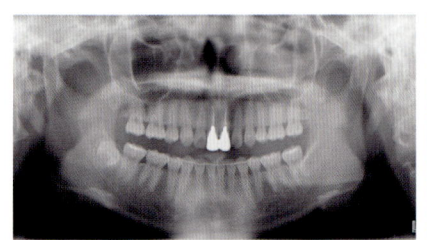

図1 夏のローラースケート練習中の転倒事故による上顎左右中切歯歯冠破折例(スピードスケート,19歳,女性,JISS提供症例)

図2 スポーツ歯学の講義

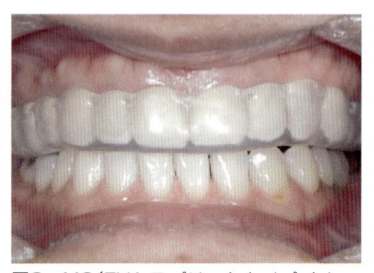

図3 MG(EVA,スプリントタイプ,トレーニング目的)

ポイント

1. 検診の際,上顎前歯に補綴治療が施されている場合,外傷既往を疑い,よく確認する.
2. 冬のシーズン本番中だけでなく,夏場の練習時の外傷発生リスクにも留意する.むしろ夏の練習用MGの普及が効果的と思われる.
3. スポーツクレンチング習癖のある選手等では,外傷予防のみならず,クレンチング障害の軽減やトレーニング効果も期待される.

19. ウィンタースポーツ（4）；リュージュ

森 修二

サポートの基礎知識 スイス発祥のそり競技で，足を進行方向に向けて仰臥位で乗り（図1），約1,200mの氷上コースを滑降し，その速さを競う．最高速度は時速120km以上で，1／1,000秒までタイムを計測する．そりにブレーキやハンドルはなく，シャーレ（座席）上で水平なフォームを保ちながら，足首で挟んだクーヘ（刃先）を押し込むことによって操縦する．高速でバランスを崩しやすいため，コースアウトや転倒事故のリスクが高く，バイザー付きヘルメットやグローブの着用が義務付けられている[1]．また遠心力による首とられが98％の高確率で発生し，そこからバランスを崩してタイムロスや事故が発生するケースも多い．首とられ防止のために，日頃から選手は頭部の筋力強化やトレーニングに励み，また競技中は噛みしめによって頭頸部の固定化を図る者もいる[2]．

事 例 大学生・代表候補選手（23歳，男性）．

経 緯 10年前から競技団体と連携して，スポーツ歯科に関する啓発活動とデンタルサポート活動を行っている．

サポート内容 歯科検診（年2回），歯科治療，MG製作

図1 滑走中のフォーム

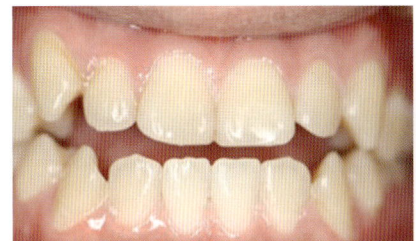

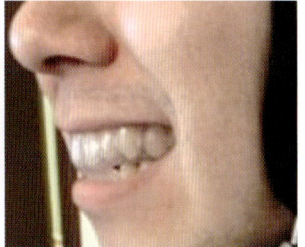

図2 咬合関係はオープンバイト．咬合位を安定させるため，また転倒時のオトガイ部からの外力を吸収させるため，前歯開咬部を被覆し咬合を付与した

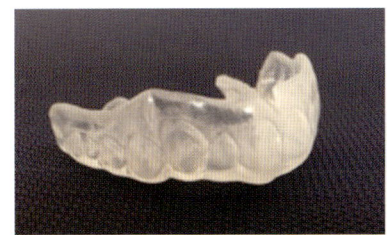

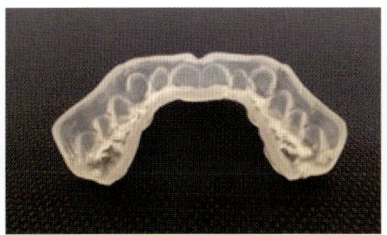

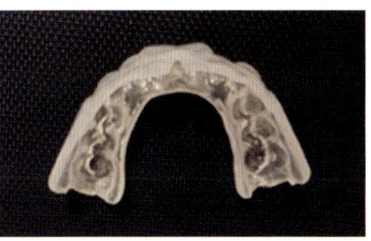

図3 MG（MG21・Hardタイプ・4mm厚シート材使用，唇側および咬合面2mm厚仕上がり）

ポイント
1. 滑走中は顎を引いて，常に頭部を起こした状態を保持するため（図1参照），必然的に咬合位をとることが多く，クレンチング障害が発生するリスクがある．
2. 歯科外傷防止のため，首とられ防止のために，マウスガードを活用するとよい．

19. ウィンタースポーツ（5）；スケルトン

坂東 陽月

サポートの基礎知識 1人乗りの金属製小型ソリに頭を進行方向に向けて，うつ伏せの状態で乗って滑走し，全長1,300〜1,500mのコースの速さを競い，最高時速は140km以上にもなる．転倒事故による脳震盪や頭部外傷の発生リスクが高いため，ヘルメットの装着が義務化されている[1,2]．最近MGも普及しつつある．なお大会期間中，会場では競技医（救急医学の知識のある医学専門家）1名と救急車2台が配備されていなくてはならないとも定められている．

事 例 JOC強化指定選手（29歳，女性）．

経 緯 現在使用中のMGは左右頰粘膜をよく噛んで出血するので，新調してほしい．

サポート内容 歯科検診，MG製作（図1〜3）．

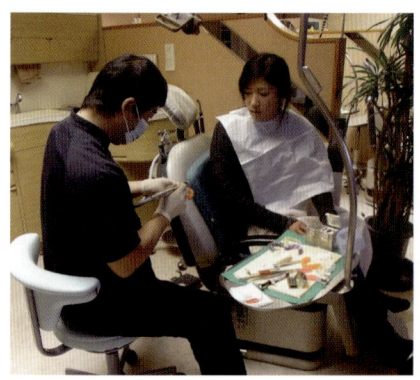

図1　MGセット

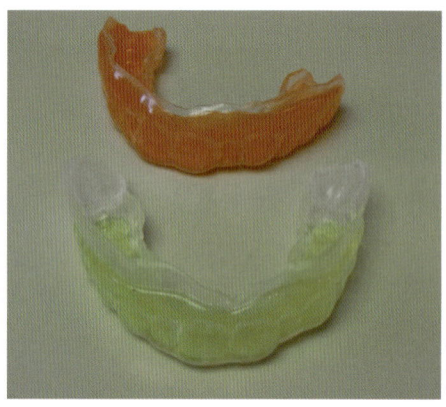

図2　MG（MG21，ラミネートタイプ，）唇頰側2mm厚仕上げ，唇頰側外形線を歯頸部より7mmと浅めに設定したことで，頰粘膜裂傷の問題点が解消された．）

図3　夏季練習時にMGを試用してもらい，微調整を加える．

図4　全日本選手権での現地サポート

ポイント

1. 選手とコミュニケーションをとり，種目特性や問題点を把握してサポートにあたる．
2. ヘルメットを装用する競技者では，MGの外形と厚みに注意してカスタマイズ調整する．

20. テニス

田辺 麻衣，高橋 敏幸，上野 俊明

サポートの基礎知識 テニスはノンコンタクトスポーツであり，基本的に歯科外傷の発生リスクは低い．したがってテニス競技のデンタルサポートを実践する上では，競技の妨げとなり得る歯科疾患（齲蝕，歯周病，智歯周囲炎など）の予防が重要であり[1]，ジュニア選手の場合には保護者や指導者を含めた指導がポイントとなる．ただ学校体育や課外（部）活動中では，テニスの練習で振り回したラケットが衝突したとか，ロブショットボールを追いかけてフェンスに激突したなどの受傷機転による歯科外傷事例が報告されているので[2,3]，学校管理下での安全教育および指導充実が望まれる．

事例 ジュニア選手52名（テニスクラブ・選手育成アカデミーコース所属，図1）．

経緯 水分・栄養補給実態調査および歯科保健行動調査[4]（図2～4）に協力してもらい，スポーツ安全および口腔衛生に関する講習などを行うこととなった．

サポート内容 歯科保健指導講習会（対象：ジュニア選手，保護者，指導者）の実施．

図1 練習風景

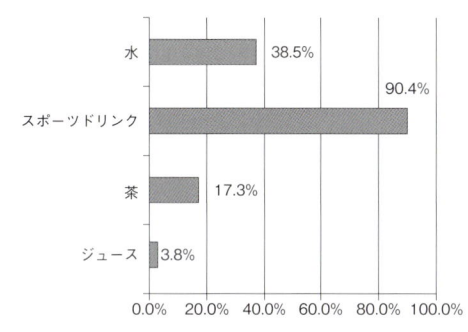

図2 水分補給（ドリンク）の実態

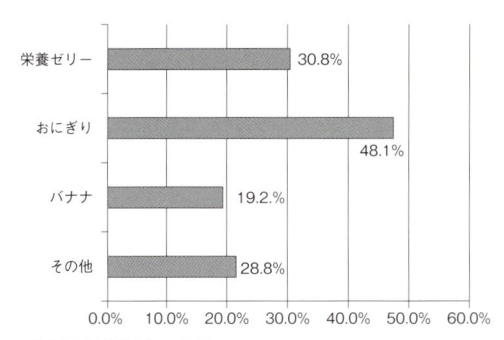

図3 栄養補給（補食）の実態

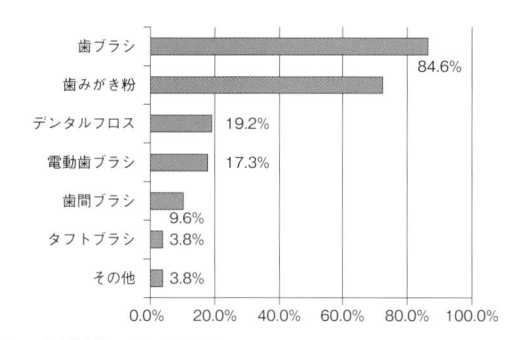

図4 歯科清掃用具の使用率

ポイント

1. スポーツドリンクを飲む場合，水で薄めて糖度と酸度を控えめに調整させるとよい[1,5,6]．
2. 練習・試合中に補食する者も多いので[4]，プレー後に歯磨きとうがいを励行させる[5~7]．
3. 正しい歯科保健行動の獲得と変容には，保護者や指導者の協力が不可欠である．

21. バドミントン

坂東 陽月，北山 吉明

サポートの基礎知識 ラケットを利用してネット越しにシャトルを打ち合う競技であり，秀逸なラケットワークと無駄のない動きで瞬時にシャトルに追いつくフットワークが求められることから，高い身体バランスが要求される．またパワーや瞬発力とともに持久力も必要で，競技中のエネルギー消費は激しく，ドリンク摂取量も多いことから，歯科疾患の発生リスクが高いと考えられる．手軽に楽しめるレクリエーションスポーツとして年齢や性別を問わず多くの国民から支持されており，また生涯スポーツとして取り組むシニアプレーヤーも多い．

経緯 公益財団法人日本バドミントン協会選手強化本部医事・トレーニング管理部員に委嘱されており，デンタルサポートを通じた選手強化に関する対策と国際競技力向上に向けた支援を行っている．

サポート内容 歯科検診，重心動揺検査，歯科治療，口腔衛生指導．ジュニア・ナショナル選手への歯科検診と口腔衛生指導．全国小学生バドミントン選手権におけるスポーツ歯科サポート．講習会の実施．医科学研究の推進．

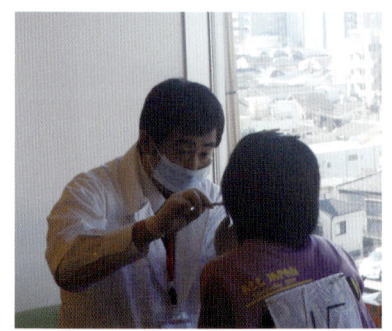

図1　歯科検診の実施 　　図2　咬合力測定の様子 　　図3　講習会風景

ポイント

1. 咬合支持領域の変化と身体重心動揺度の関連，そして空間認知能への影響を研究し，スポーツを通じた歯，口腔の健康管理を実践してもらう．
2. 発育期におけるジュニア・バドミントン選手の口腔内の調査をピックアップし，その対策について研究する．
3. 心身の健全な発達に寄与し，競技力向上を支援するスポーツ歯科医学的活動を心がける．
4. 指導者・保護者へのアンチドーピング活動を含むスポーツ歯科的な指導教育の一環とする．

22. トランポリン

坂東 陽月

サポートの基礎知識 トランポリンは，空中への跳ね返り動作を繰り返しながら，宙返りやひねりを組み合わせたアクロバティック演技を行い，その難度と完成度を競う体操競技の一種である[1]．選手には機敏な動作能力，高度な技の習得とコントロール，そして優れた方向感覚が求められ，微妙な身体バランスの変化が競技成績に影響することから，重心の安定や平衡感覚といった点に関心が高い．

事　例 ナショナルメンバー．

経　緯 日本トランポリン協会から歯科的サポートを依頼された．

サポート内容 デンタルチェック，咬合バランス検査，筋電図測定，重心動揺検査．（図1〜4）

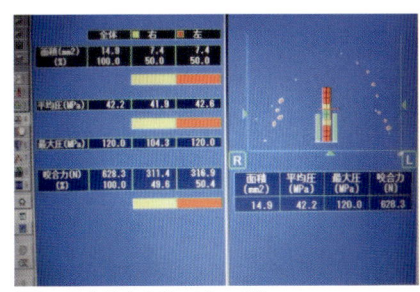

図1 咬合検査（プレスケール）

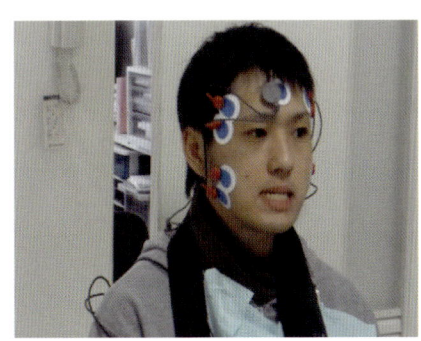

図2 筋電図測定（咬筋，側頭筋）

図3 重心動揺検査

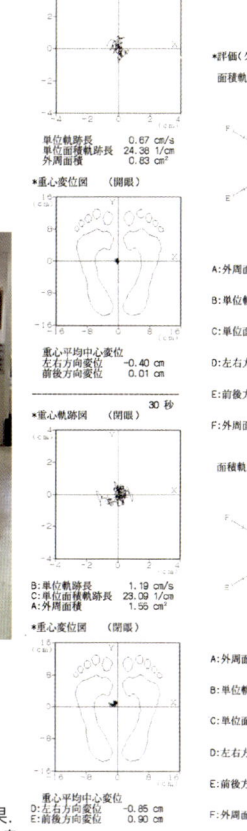

図4 重心動揺度解析結果．重心の動揺度が小さく，身体の平衡を維持する機能が良好だと推測される

ポイント

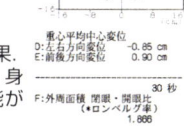

1. 高度なバランス感覚が要求されるので，適切な咬合の維持・管理が極めて重要である．
2. 口腔内や咬合関係だけでなく，顎関節や顎筋も検査し，顎口腔系全体を評価する．
3. 重心動揺検査を実施し，あるいは同データを入手し，咬合との関連も考察するとよい．

23. ゴルフ

松本 勝

サポートの基礎知識 ゴルフでは，インパクトの瞬間に大きな力がかかるため，歯を噛みしめる選手がいる[1,2]．こうした選手の場合，過度のクレンチングによって咬耗や歯の破折といった障害が発生することがあるので，歯の保護目的でのMG装着が推奨される[3]．一方，パフォーマンス目的での使用には注意が必要である．有名プロ選手が「マウスピースをすると飛距離が伸びる」と発言したため，規則14-3（人工の機器と異常な携帯品，携帯品の異常な使用）に抵触し「プレーヤーの援助」に当たるとして失格となった事例があるので，競技会での使用はルール違反となる．

事例 大学ゴルフ部部員．

経緯 部長からパフォーマンス向上目的でのMGサポートの依頼相談を受ける．

サポート内容 MGサポートにつき説明と同意を得た（①スプリント（SP）と呼称すること，②試合では使用しないこと，③効果は個人差があること等）上で，各選手にSP製作し，クラブヘッドスピードおよび重心移動距離を計測した（図1，2）．

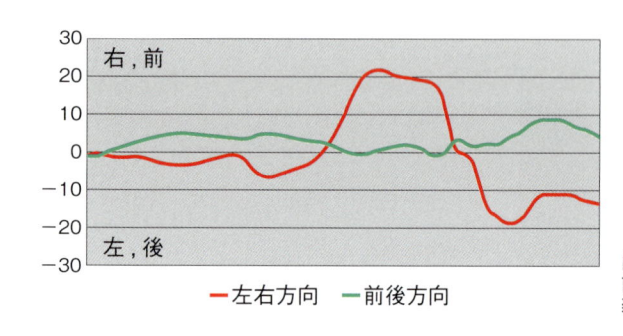

図1 重心移動距離の測定例（部員A）．前後および左右方向の成分を比較したが，SP装着による変化は認められなかった

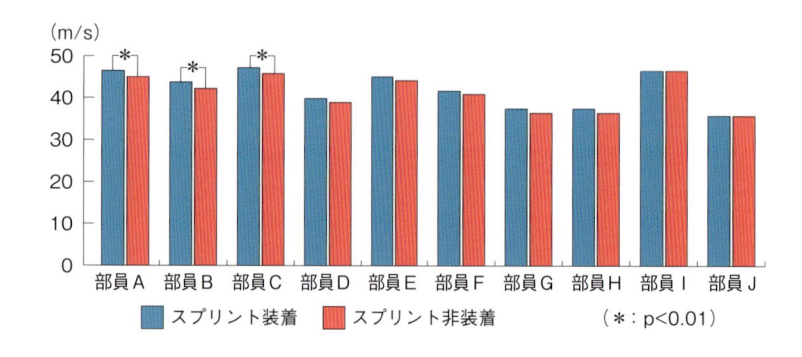

図2 SP装着によるヘッドスピードの変化の結果．部員10名のうち，ヘッドスピードが有意に増加したのは3名（部員A〜C），全く変化がなかったのは2名（I, J）．その他（D〜H）は平均値は上がったが，有意差は見られなかった

ポイント

1. MG本来の目的および効果に照らして，クレンチング習癖のあるゴルファーには障害予防目的での使用が推奨される．
2. 咬合の改善によるパフォーマンス向上には個人差があり[4-7]，全く効果が得られない場合もある[8]．

24. ラクロス

竹内 正敏

サポートの基礎知識 先端にネット（ポケット）の付いたスティック（クロス）でボールを奪い合い，相手ゴールにシュートする競技である[1]．男子と女子でルールおよび防具が異なる．男子はボディーチェック（体で当たること）が許容され，ボールを転がしたり蹴ったりすることもできる．そのためフルフェイス型ヘルメットおよびグローブが義務化され，肘当てなども着用可能で，アイスホッケーに類似する．ゴールキーパーはニーパッドや胸当ても着用可である．一方，女子はボディチェックおよび足を使ったボール操作は禁止されるため，ヘルメット不要で，代わりにMG着用が義務となっている．ラクロスによる歯科外傷は比較的軽症のものが多いが，防具未着用での練習中に歯冠破折等の事故が起こることがあるので，安全指導が必要である[2]．

事例 女子ラクロス大学生チームの年間サポート．

経緯 当該チームの要請で，2000年より新入部員を対象にデンタルサポートを行っている．

サポート内容 歯科検診，歯科初期治療，口腔衛生指導，スポーツ歯科安全教育，MG製作，現場でのサポート（図1〜6）．

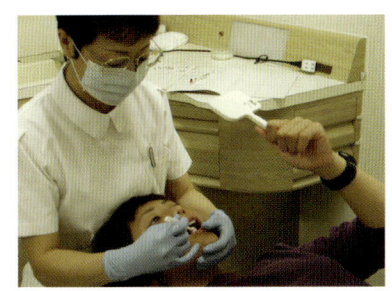

図1 口腔衛生指導

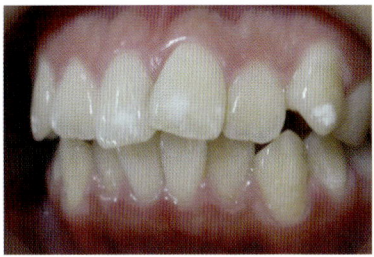

図2 スポーツドリンクによるホワイトスポット

図3 スポーツ歯科安全教育

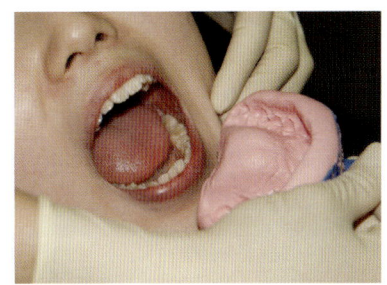

図4 印象採得

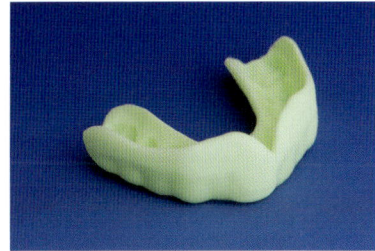

図5 MG（EVA，シングルレイヤー，唇側2mm厚仕上げ）

図6 現場での指導

ポイント

1. プレイ中の運動量が多いため，やや薄目の唇側2mm厚仕上げとする（図5）．
2. 快適性を上げるため，頰側の外形線は後方へ向かって絞り，後縁は第一大臼歯遠心に，また対合歯の咬合面印記は浅くする[3]．
3. MG使用中のスポーツドリンク過剰摂取によるカリエスリスクに注意する（図2）．
4. 練習中に口腔外傷が発生しやすいので，MGを常時着用するよう指導する（図6）．

25. モータースポーツ

仲岡 佳彦

サポートの基礎知識 モータースポーツには種目やマシンの種類により，また舗装路や不整地などの路面の状況によって，外傷の頻度や部位が変わってくる．特に2輪では身体を直接打撲するため，転倒，他車との接触あるいはジャンプ時の着地失敗等による口腔内裂傷も少なくなく，モトクロスやトライアルでは，歯牙の破折・脱臼等も多い．また1人当たりの脳振盪受傷率も高頻度であった．そのため最近ではライダー間でのMG認知度も上昇し使用希望率も増加傾向にある．そこで，2013年から日本モーターサイクルスポーツ協会（MFJ）はカスタムメイドMG装着を推奨する安全規則を制定した．なお同規則の適応範囲はロードレース，モトクロス，トライアル、スーパーモタードの4種目である．

また4輪においても，カートなどでも口腔外傷の頻度が高い．

事 例 モータースポーツライダーの個別デンタルサポート．
経 緯 MG製作希望．
サポート内容 オリエンテーション（図1），口腔内検診，MG製作，現場でのサポート．

図1 選手への説明
図2 MG装着（左：通常，右：ヘルメット装着） 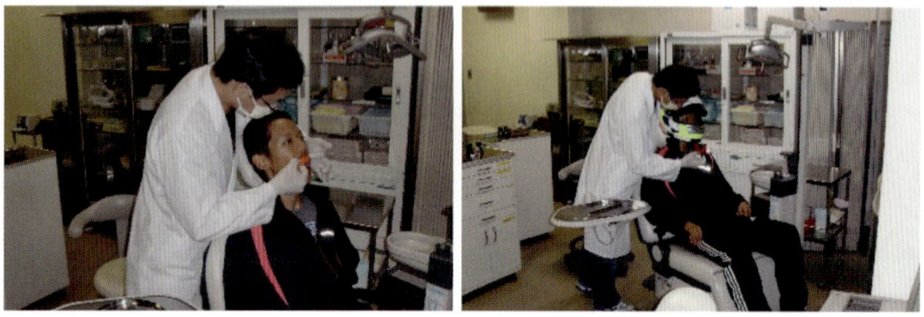
図3 ライディングフォームの違い（左：ロードレース，右：モタード）
図4 レース場での調整 

ポイント

1. ロードレース種目では装着感を優先し，唇頬側1～1.5mm厚仕上がりでよい．
2. モトクロス種目では防護能を優先し，少なくとも唇頬側2mm厚を確保する．
3. ヘルメットを装着した状態で，MGの装着感や咬合を確認することが重要である（図2）．
4. マシンの種類によっても，ライディング（ドライビング）フォームによっても，頭位や顎位が変化するので，診療室でも試用してもらい，入念に咬合調整を行う（図3）．可能であればレース会場にも帯同し，現地で調整を行うとなおよい（図4）．

26. 自転車競技（MTBダウンヒル）

上野 俊明

サポートの基礎知識 自転車競技には，①ロードレース（ツール・ド・フランスに代表される一般道レース），②トラックレース（タイムトライアル，スプリント，ケイリン，パーシュート，スクラッチ，オムニアスなど競技場レース．オリンピック種目），③マウンテンバイク（MTB）④バイシクルモトクロス（BMX），⑤シクロクロス，⑥室内競技がある[1]．MTBにはクロスカントリーとダウンヒルの2種目がある．うちダウンヒルはスキーのダウンヒルと同様，下りのオフロードを1人ずつ走り，所要タイムで競われる．MTBは起伏に富む山岳コースが舞台で，荒野，山岳地帯での高速走行，急坂登降，段差越えが連続するため，転倒事故や衝撃性咬合による歯や舌などの損傷が生じることがあるので，モータースポーツと同様[2]，MGの必要度は高いと思われる．

事例 プロMTBダウンヒルライダー（28歳，女性）．

経緯 愛用していたMGを誤って洗濯乾燥機に入れてしまい，ボロボロにしてしまったので，新しくつくってほしい．

サポート内容 MG製作．

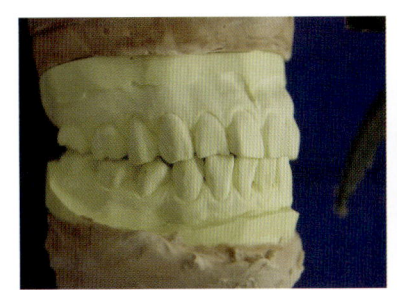

図1 咬合関係

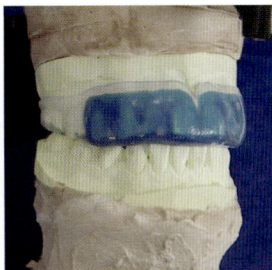

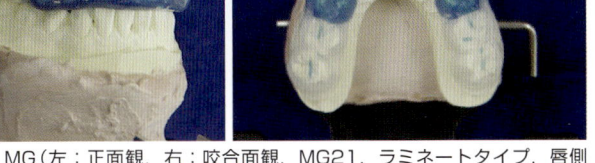

図2 MG（左：正面観，右：咬合面観，MG21，ラミネートタイプ，唇側2mm厚仕上がり）

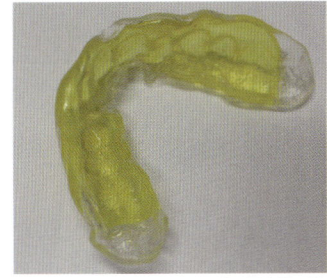

図3 洗濯乾燥機による変形例（参考：21歳・女性・ラグビー選手）

ポイント

1. 標準外形，唇側2mm厚仕上がりでよい．頬側は1mm厚で十分である．
2. ヘルメット装着下でMG着用に支障がないことを確認するべきである．違和感や疼痛等の不具合がある場合，形態修正および咬合調整を行う．
3. 自転車競技に限らず，MGを誤って洗濯乾燥機に入れて変形させてしまうケースは少なくないので，MG装着時に注意指導する（**図3**）．

27. カバディ

上野 俊明，豊島 由佳子，添島 沙夜香

サポートの基礎知識 カバディはインド，パキスタンなど南アジア諸国で盛んなスポーツで，1990年北京アジア競技大会から正式種目に採用されている．紀元前に武器を持たずに数人で囲み，声を掛けながら捕らえる狩猟法が存在したようで，この武器を持たずに戦う技術や獣の襲撃から身を守る方法から，競技スポーツへと成熟した．攻撃者（レイダー）と防御集団（アンティ）の間でボディータッチ（衣類や靴へのタッチでも可）とキャッチ（四肢や胴を捕まえ自陣に戻れなくする）を繰り返す，集団格闘技的なコンタクトスポーツである．また息継ぎなしで「カバディ，カバディ」と連呼（キャント）しながら攻撃（レイド）しなければならない，ユニークなルールを持つ[1]．

事 例 代表候補選手（34歳，男性）．

経 緯 前歯の歯茎に膿袋ができた．その他，齲蝕があれば治療してほしい．怪我防止のためにMGをつくってほしい．

サポート内容 歯科治療（感染根管治療およびCR充填1本，CR充填5本），スケーリング＆PMTC，MG製作（希望：クリアカラーで，喋りやすいもの）．

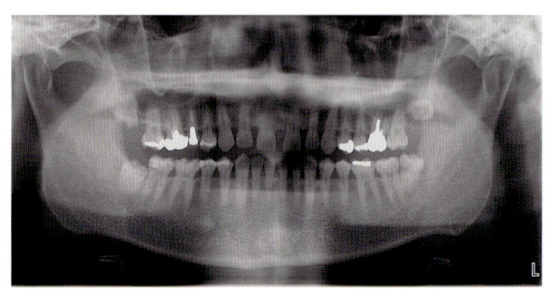

図1 パノラマX線写真

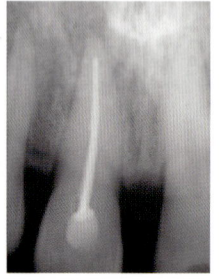

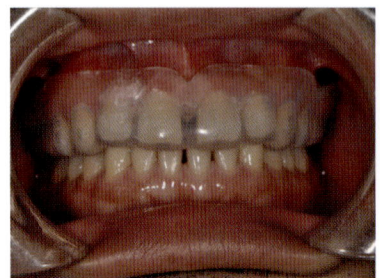

図2 １感染根管治療後

図3 MG正面観

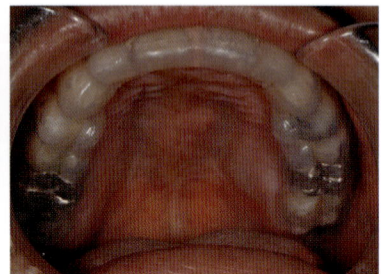

図4 MG咬合面観

ポイント

1. 唇頬側は標準外形から引き気味の小ぶりなものでよい．また厚みは2mmで十分である．
2. 口蓋側はできるだけ開放し，発音障害を回避する．

28. 近代五種競技

嶋村 政博

サポートの基礎知識 近代五種は，フェンシング・水泳・ラン・射撃・乗馬の5種類の競技で争われる．現在の競技方法は，フェンシング（エペ）は1分間の一本勝負の総当たり戦．水泳は200m自由形，ランと射撃のコンバインドでは，800m走＋レーザーピストル（50秒間に5回）を4回繰り返す．乗馬は，抽選の貸与馬で15の障害を飛越しなければならない．この競技では，体力面・メンタル面そして知性面の3要素をバランスよく身につけていることが要求される．競技で一番MGの有効性が発揮できるのは射撃である．射撃は，アーチェリーと同じように静の持続性が求められ，重心動揺をいかに小さくしてトリッガーを引くかの問題がある．近代五種協会での医科学委員会のサポートメンバーは，スポーツドクターの先生方が中心で，整形外科・内科・消化器外科・歯科・精神心理学士・アスレチックトレーナー・コーチ（自衛隊・警視庁）となっている．歯科では，年2回の歯科検診があり，トップ選手はパノラマ撮影も行う．

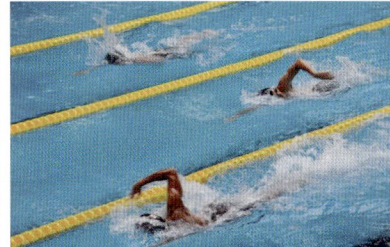

写真：近代五種協会提供

ポイント

1. MGは射撃時の頭位の安定が求められ，最小限の大きさでよく，左右のバランスを考えるように作成する．伸ばした利き腕に銃の重さ（男女とも950g）がかかり，モーメントの反作用でどうしても利き腕側と反対側に傾いてしまうので，注意する．
2. MGは頭頸部の安定度が高まるように，装着後何度も調整することが必要になる．
3. 水分の摂取量がフェンシング・コンバインド・水泳の順で多くなるが，スポーツ飲料を取りすぎて長時間口腔内のPHが低下しないよう，水で中和するように指導する．

29. 障害者スポーツ -(1); 脳性麻痺サッカー (Cerebral Palsy soccer, CPサッカー)

鈴木 浩司

サポートの基礎知識 脳性麻痺，脳卒中などの脳血管障害，また交通事故などが原因で脳外傷や頭部外傷により身体に麻痺を持つ障害者が行うサッカーで，パラリンピック正式種目にもなっている．競技は7人制，30分ハーフの60分で行われる（図1）．CPサッカー選手は練習中，試合中に不随意性筋緊張や噛みしめがしばしば発生し，顎位不安定な者も多い．外傷予防のみならず，クレンチング障害や顎位安定の観点から，MG装着が効果的と考えられる．

事 例 CPサッカー選手（33歳，男性）．

経 緯 歯科検診の希望，ならびにMGをつくってみたい．

サポート内容 歯科検診，歯科治療，MG製作，重心動揺測定，チームサポート（図2～4）．

図1 CPサッカーの様子

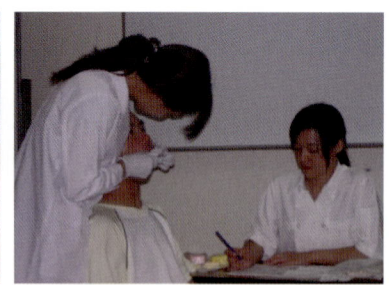

図2 歯科検診

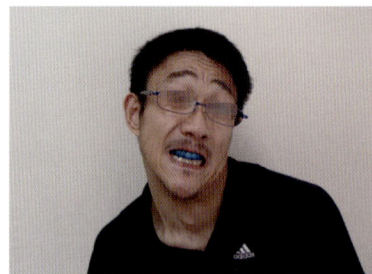

図3 選手のMG装着の様子

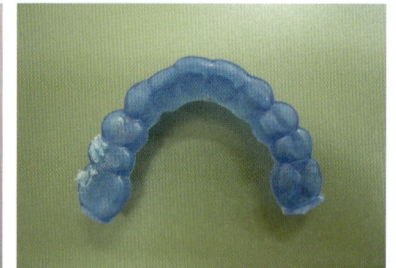

図4 MG咬合面の損耗（約1週間）

ポイント

1. 歯科検診では，歯や歯周組織だけでなく，咬合関係や顎関節も精査する[1]．
2. MGは2mmから3mm厚のシングルレイヤーで対応すればよい．運動量が豊富で，コーチングの多い種目特性から，呼吸および発音障害への配慮が必要である．
3. 不随意性噛みしめが生じるため，MGの損耗が激しく，頻回な再製対応が求められる（図4）．
4. MG装着によりCPサッカー選手の重心動揺が改善する結果が報告されており[2]，競技だけでなく日常生活における身体疲労感の軽減効果等も期待される．

29. 障害者スポーツ（2）；車椅子バスケットボール

佐々木 幸生

サポートの基礎知識 1940年代に米国で考案されて以降，世界各国に普及した．障害者を対象とした世界最高峰のスポーツ競技会「パラリンピック」では，1960年ローマ大会から採用実施されている．本競技は激しい車椅子の動きと速いゲーム展開を特徴とし，車椅子同士の衝突あるいは転倒が頻繁に起こるため，口腔領域の外傷発生の危険度も高い[1]．また口腔内に障害や歯科疾患に起因する問題を抱えた選手もいる．

事 例 北京パラリンピック日本代表選手（33歳，女性）．

経 緯 パラリンピック出場に向け，歯のチェックとともにMGもつくってほしい．

サポート内容 歯科検診，歯科治療，MG製作（図1～3）．

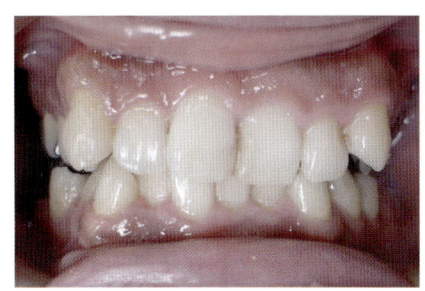

図1 口腔内写真

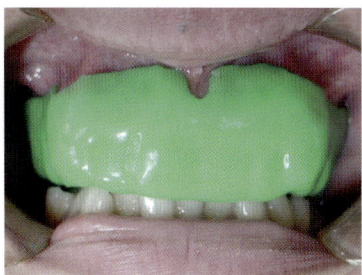

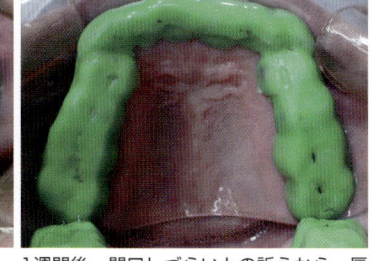

図2 MG装着（EVA，唇側2mm仕上げ）．1週間後，閉口しづらいとの訴えから，唇側転位した両犬歯部唇側面を0.5mm切削調整した

図3 北京パラリンピック出場時（No.7の選手）

ポイント

1. 選手一人ひとりの障害や疾患に関する理解が必要であり，個別対応を要する．
2. センターポジションの選手は，ゴール下での激しい攻防で口腔外傷が発生しやすい．
3. 障害の重い選手は，バランスが崩れた際に十分な受身がとれない可能性が高く，口腔外傷のリスクが大きい．
4. 個々の選手をサポートする場合，車椅子患者の受け入れや診療体制が整備された歯科医院の情報提供およびネットワークの構築が必要となる．

30. 国民体育大会―ぎふ清流国体サポート活動

西脇 孝彦

事 例	ぎふ清流国体・ぎふ清流大会デンタルサポート事業.
経 緯	2011年リハーサル大会，2012年ぎふ清流国体において多角的に支援.
参加団体	岐阜県歯科医師会，岐阜県スポーツ・健康づくり歯学協議会(SHP)，日本スポーツ歯科医学会，日本SHP.
サポート内容	①スポーツ歯科講演会(対象：指導者，選手ほか図1)，②歯科健診・指導，③競技団体サポート(MG製作など，)，④大会期間中(歯科救護医出務，スポーツ歯科広報ポスター・ブース設置，選手・大会関係者の歯科疾患対応，図2～9)，⑤第12回全国障害者スポーツ大会への対応，⑥アンケート調査・成果発表[1,2].

図1 スポーツ歯科講演会(岐阜県歯科医師会館)

図2 リハーサル大会 U-15ラグビー救護(飛騨市)

図3 国体 成年ラグビー救護(関市)

図4 国体 空手道救護(手前左：医師 右：歯科医師 多治見市)

図5 国体 ホッケー会場ブース展示(各務原市)

図6 国体 ボクシングMG(岐阜市)

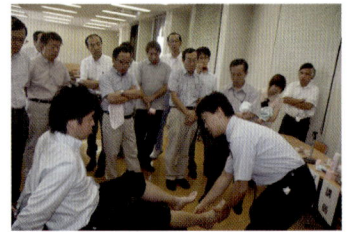

図7 テーピング実習

図8 視察調査 硬式野球(左から2人目 歯科医師 大野町)

図9 普及啓発ポスター

ポイント

1. デンタルサポート事業の早期企画立案による，国体リハーサル大会開催前からの対応.
2. 「市町(開催運営)」「競技団体(運営調整)」の2つの折衝窓口の存在の認識と，各々の上部組織である「国体推進局」「県体育協会」との接触，交流，連絡調整体制づくり.
3. スポーツ関係者との顔の見える関係づくり(日常からの接触，交流，団体支援).

31. スペシャルオリンピックス

上野 俊明

サポートの基礎知識　スペシャルオリンピックス（Special Olympics，略称：SO）は，パラリンピックとは異なり，知的発達障害のある人の自立や社会参加を目的として，日常的なスポーツプログラムや成果発表の場としての競技会を提供する[1]．第1回夏季および冬季大会はそれぞれ1968年および1977年に米国で開催され，日本は1983年第6回大会から参加している．

事例　スペシャルオリンピックス・Healthy Athleteプログラム（HAP）への参加．

経緯　日本スポーツ歯科医学会（JASD）に，2005スペシャルオリンピクス冬季世界大会（長野）参加者に対するHAP実施の協力要請があり，スペシャルスマイル（歯科）サービスにボランティア参加した．

参加団体　長野県歯科医師会，長野県歯科技工士会，松本歯科大学，JASD．

サポート内容　歯科検診，ブラッシング指導，MG製作（フロアホッケー500名，図1〜9）．

図1　Healthy Athleteプログラム
図2　サポート会場見取り図 
図3　歯科検診風景 
図4　MG用印象採得 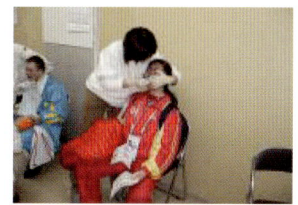
図5　石膏注入 
図6　サーモフォーミング 
図7　MGトリミング 
図8　MG完成品 
図9　セット，指導を個々に行う 

ポイント

1. ダウン症や自閉症といった知的障害を有するアスリートのため，口腔内に問題が多い．
2. フロアホッケーの歯科外傷リスクは比較的高いと考えられたため，MGが無償提供された．
3. MG設計は標準外形，1.5mm厚仕上がりとし，違和感や不快感をできるだけ軽減する[2,3]．
4. 主催者側とサポート団体間の連携，また団体間，スタッフ同士の意思疎通も重要である．

5章　参考文献

1. ボクシング
1) Atha J, et al.: The damaging punch. BMJ 291: 1756-1757, 1985.
2) Walilko TJ, et al.: Biomechanics of the head for Olympic boxer punches to the face. Br J Sports Med 39: 710-719, 2005.
3) Reed Jr. RV: Origin and early history of the dental mouthpiece. Br Dent J 176: 478-480, 1994.
4) AIBA Technical Rules：http://www.aiba.org/default.aspx?pId=183#

2.-（1）ラグビー　小学生
1) Hayashi Y, et al.: Mouthguard trial: our experience asteam dentists for junior rugby football team. Aichi-Gakuin Dent Sci 8：87-93，1995.
2) 林　良宣：やってみようスポーツ歯学・スポーツ歯科臨床での実際．歯界展望115（2）：338-339，2010.

2.-（2）ラグビー　中・高校生
1) 吉田　享ら：全国高校ラグビー大会（第85回大会）で義務化されたマウスガード装着に関するアンケート調査結果．スポーツ歯誌，11：26-32，2007

2.-（3）ラグビー　大学生
1) 溝畑　潤ら：ラグビー選手の身体特性に関する研究－大学生ラグビー選手の形態，運動能力および重心動揺の測定結果から．スポーツ科学・健康科学研究9：25-32，2006.
2) 畑　慎太郎ら：顎口腔領域のＭＧに関するアンケート調査結果—近畿地区5大学ラグビー部での調査．スポーツ歯学11：7-12，2007.
3) 上野　俊明，豊島　由佳子：スポーツに関連する歯科的健康管理．安井利一，杉山義祥（編）スポーツ歯科入門ハンドブック．p25, 医学情報社，東京，2009.
4) 豊島　由佳子ら：20歳前後のトップアスリートの智歯保有状況と抜歯の影響．スポーツ歯学15：89，2012.

2.-コラム　医歯薬大学リーグからマウスガード義務化への道
1) 関東ラグビーフットボール協会メディカルソサエティー歯科委員会編：ラグビー用マウスガード製作法,関東ラグビーフットボール協会，東京，1998.
2) 月村直樹，大山秀元：ラグビーにおけるマウスガードの有効性についての検討－第1報6年間の傷害見舞金からみた口腔領域の傷害—，第11回日本臨床スポーツ医学会学術集会，宮崎，2000
3) 近藤尚知ら：関東医歯薬大学ラグビーフットボールリーグにおける過去3年間のマウスガード装着状況調査，第19回日本スポーツ歯科医学会総会・学術大会，札幌，2008

2.-ラグビー　コラム
1) 月村直樹ら：ラグビーにおけるマウスガードの有効性についての検討．第1報：6年間の障害見舞金から見た口腔領域の外傷．日臨スポ医学誌 4：S84，2000.
2) 関東ラグビーフットボール協会メディカルソサエティー歯科委員会編：ラグビー用マウスガード製作法,関東ラグビーフットボール協会，東京，1998.
3) 月村直樹ら：平成11年度より関東医歯薬大学ラグビーリーグで施行されたマウスガードの義務化におけるアンケート調査．スポーツ歯学5：82，2002.
4) 月村直樹ら：平成11年度より関東医歯薬大学ラグビーリーグで施行されたマウスガードの義務化における2年目のアンケート調査．スポーツ歯学6：78，2003.

2.-（4）ラグビー　社会人
1) 杉谷健一郎：500年前のラグビーから学ぶ—ラグビーの起源，そして日本ラグビーが進むべき道—．文芸社，2005.
2) 溝畑　潤ら：ラグビー選手の身体特性に関する研究－大学生ラグビー選手の形態，運動能力および重心動揺の測定結果から－．スポーツ科学・健康科学研究9：25-32，2006.
3) Quarrie KL, et al.: An evaluation of mouthguard requirements and dental injuries in New Zealand rugby union. Br J Sports Med 39: 650-654, 2005.
4) Takeda T, et al.: Does hard insertion and space improve shock absorption ability of mouthguard? Dent Traumatol 22: 77-82, 2006.
5) Takeda T, et al.: Easy fabrication of a new type of mouthguard incorporating a hard insert and space and offering improved shock absorption ability. Dent Traumatol 27: 489-95, 2011.
6) International Association for Dental Traumatology: Guidelines for the evaluation and Management of Traumatic Dental Injuries（Revised 2012）．http://www.iadt-dentaltrauma.org/1-9%20%20IADT%20GUIDELINES%20Combined%20-%20LR%20-%2011-5-2013.pdf

3. アメリカンフットボール
1) 日本アメリカンフットボール協会競技規則委員会：2013〜2014アメリカンフットボール公式規則・公式規則解説書．日

本アメリカンフットボール協会，2013.

4. アイスホッケー
1) 上野 俊明：アイスホッケーにおける歯の外傷．臨床スポーツ医学，29：274-279，2012.
2) 森田 正浩ら：アイスホッケー選手における口腔・顎・顔面領域のスポーツ外傷．スポーツ歯学2：41-47，1999.

5. インラインホッケー
1) フランソア・フォルタン（編著）/室星隆吾（監訳）：図解スポーツ大百科．悠々館，東京，2006.
2) 国際アイスホッケー連盟：インラインホッケー競技規則2012；http://www.iihf.com/fileadmin/user_upload/PDF/InLineRuleBook2012.pdf

6.-(1) 野球　高校
1) 「学校管理下における歯・口のけが防止必携」作成委員会：学校管理下における歯・口のけが防止必携．日本スポーツ振興センター，2008.
2) 戸田芳雄：高等学校・高等専門学校における事故防止の留意点．日本スポーツ振興センター学校安全部，学校の管理下の死亡・障害事例と事故防止の留意点，p105-116，2013.
3) 公益財団法人日本高等学校野球連盟：平成25年高校野球用具の使用制限．http://www.jhbf.or.jp/rule/equipment/2013.html
4) 谷本啓彰ら：発声を要する運動時のマウスガード装着による外傷防護—日本選抜チームに対する3年間のアンケート調査—．スポーツ歯学11：21-25，2007.

6.-(2) 野球　選抜・全国高校野球大会
1) 吉川一志ら：発声を要する運動時のＭＧ装着による外傷防護：第21回ＡＡＡ世界野球選手権大会全日本選抜チームに対するアンケート調査．顎咬合誌25：426-431，2005.
2) 谷本啓彰ら：発声を要する運動時のＭＧ装着による外傷防護：日本選抜チームに対する3年間のアンケート調査．スポーツ歯学11：21-25，2007.

6.-(3) 野球　社会人・プロ野球
1) 峯 博子ら：社会人野球チームにおけるメディカルサポートの取組み．整形外科と災害外科60：399-404，2011.
2) 高橋 塁：プロ野球選手の腰痛管理とコンディショニング．臨床スポーツ医学30：753-756，2013.
3) 正富 隆：特別企画・Team Doctors Meeting 2009；第3回 日本での種目別チームドクターのシステムと現状 2-1．プロ野球．臨床スポーツ医学27：1269-1271，2010.

7. ソフトボール
1) 飯出 一秀ら：新設大学ソフトボール選手における外傷・障害の特徴— 過去の外傷・障害統計報告との比較から．環太平洋大学紀要，71-75，2009.
2) 川良美佐雄：ソフトボール選手に装着した下顎固定用マウスガードの意義について．スポーツ歯学14：36，2010.

8.-(1) サッカー　ジュニア・ユース
1) 日本スポーツ振興センター学校安全部：学校の管理下の災害25—基本統計—．日本スポーツ振興センター，2012.
2) Yamada T, et al. Oral injury and mouthguard usage by athletes in Japan. Endod Dent Traumatol 58: 288-293, 1998.
3) Pribble JM, et al.: Parental perceptions regarding mandatory mouthguard use in competitive youth soccer. Inj Prev 10: 159-162, 2004.
4) 織家 茂，白石 稔：プロのサッカー選を下顎骨骨折後，早期に実戦復帰させた治療経験．スポーツ歯学4：28-31，2001.
5) Cascone P, et al.: Security hi-tech individual extra-light device mask: a new protection for [soccer] players. J Craniofac Surg 19: 772-776, 2008.
6) 藤野祥子ら：頬骨と眼窩を複雑骨折したサッカー選手に製作提供したカスタムフェイスガードの一例．スポーツ歯学13：108-113，2010.

8.-(2) サッカー　プロ
1) Maladie`re E, et al.: Aetiology and incidence of facial fractures sustained during sports: a prospective study of 140 patients. Int J Oral Maxillofac Surg 30: 291-295, 2001.
2) Mourouzis C, et al.: Sports-related maxillofacial fractures: a retrospective study of 125 patients. Int J Oral Maxillofac Surg 34: 635-638, 2005.
3) Takada H, et al.: Three-dimensional bone microstructures of the mandibular angle using micro-CT and finite element analysis: relationship between partially impacted mandibular third molars and angle fractures. Dent Traumatol 22: 18-24, 2006.
4) Ueno T, et al.: Fabrication Technique for Custom Faceguard with Thermoforming Material. Int J Sport Dent 1:67-71, 2008.
5) Gay-Escoda C, et al.: Study of the effect of oral health on physical condition of professional soccer players of the

Football Club Barcelona. Med Oral Patol Oral Cir Bucal 16: e436-439, 2011.

9.-（1）バスケットボール　小・中・高校生
1) 西野　宏ら：広島県廿日市市の小学校・中学校・高等学校における口腔外傷実態調査．広島歯誌40：15-27，2012.
2) 国際バスケットボール連盟：公式競技規則2012．http://www.fiba.com/downloads/Rules/2012/OfficialBasketballRules2012.pdf
3) 上野俊明ら：マウスガードの使用による息苦しさに対する臨床的対応．スポーツ歯学11：107-111，2008.
4) 上野俊明：歯科．小出清一，福林　徹，河野一郎（編），スポーツ指導者のためのスポーツ医学（改訂第2版），p237-241．南江堂，2009.

9.-（2）バスケットボール　プロ
1) 日本プロバスケットボールリーグ：ルールブック．http://www.bj-league.com/pdf/BjOfficialRule.pdf

10. ハンドボール
1) 杉山義祥，木本一成，村松仁志：生涯スポーツを楽しむために．日本歯科新聞社，2001.
2) 日本ハンドボール協会：ハンドボール教科指導教本　ナショナル・トレーニング・システム，NTS，2009.

11. 空手
1) 鈴木浩司ら：空手道におけるマウスガードを考える－（財）全日本空手道連盟ナショナルチームにおけるアンケート調査から－．スポーツ歯学8：14-20，2005.
2) 青野寛史ら：空手道における外傷と歯科医師の役割について―第19回世界空手道選手権大会における調査から―．スポーツ歯学14：29-34，2010.
3) 川良美佐雄ら：空手道におけるメンホー用マウスガードの必要性について．スポーツ歯学12：58-62，2009.

12. 柔道
1) 森田正浩ら：口腔・顎・顔面領域のスポーツ傷害に関するアンケート調査―柔道選手について―．臨床スポーツ医学15：195-200，1998.
2) 白尾浩太郎ら：柔道競技者を対象としたスポーツ歯科医学的アンケート調査．スポーツ歯学13：6-15，2009.
3) 姫嶋皓大ら：歯学部柔道選手におけるスポーツ歯科医学的アンケート調査．スポーツ歯学16：27-37，2013.
4) 全日本柔道連盟：IJFルールの特殊な例の解釈（2008年3月17日付）．http://ajjf.judoit.jp/data/rule-shinpan.php

13. 相撲
1) 越渡詠美子ら：力士の口腔内健診とアンケート調査の報告．臨床スポーツ医学23：1413-1417，2006.
2) 木本一成ら：カスタムメイドマウスガード普及の活動報告―大相撲力士へのマウスガード製作によるサポート活動―．スポーツ歯学11：148-149，2008.
3) 平澤秀人：睡眠時無呼吸症候群sleep apnea syndrome－生活習慣の危険信号として－．トレーニングジャーナル27：80-81，2005.

14. レスリング
1) フランソア・フォルタン（編著），室星隆吾（監訳）：図解スポーツ大百科．悠書館，東京，2006.
2) Andrade RA, et al.: Plevalence of dental trauma in Pan American Games athletes. Dent Traumatol 26: 248-253, 2010.
3) 森　文彦ら：日本体育大学レスリング部へのデンタルサポート　第1報：アンケート調査結果．スポーツ歯学11：139-140，2008.

15. 総合格闘技
1) 米国総合格闘技UFCルール．http://www.ufc.com/discover/sport/rules-and-regulations
2) パンクラスオフィシャルルール．http://www.pancrase.co.jp/data/rules/index.html
3) 日本修斗協会：競技ルール．http://j-shooto.com/

16. ブラジリアン柔術
1) 日本ブラジリアン柔術連盟（JBJJF）HP：http://www.jbjjf.com/rules/rules.html
2) 国際ブラジリアン柔術連盟制作，JBJJF翻訳：ブラジリアン柔術ルールブック・一般競技の綱領・競技の形式マニュアル（Ver.2）．
3) 上野俊明，山田圭菜子，高橋敏幸ら：マウスガード使用に伴う息苦しさを緩和するための臨床的対応．スポーツ歯学11：107-111，2008.

17. ホッケー
1) フランソア・フォルタン（編著），室星隆吾（監訳）：図解スポーツ大百科．悠書館，東京，2006.
2) 鈴木俊一ら：マウスガードの普及活動のあり方について　―モデル校（グランドホッケー）初年度アンケート調査から―．スポーツ歯学11：152-153，2008.
3) 公益社団法人日本ホッケー協会HP：http://www.hockey.or.jp/

18. 水球
1) Hersberger S, et al.: Dental injuries in water polo, a survey of players in Switzerland. Dental Traumatol 28: 287-290,

2012.
2) 竹内正敏ら：女子水球競技へのカスタムメイドマウスガード普及の取り組み．スポーツ歯学6：51-55，2003.
3) 日本水泳連盟：水球競技規則．http://www.swim.or.jp/about/download/rule/r_polo.pdf
4) 竹内正敏ら：実践スポーツデンティスト―スポーツ歯科最前線での戦い―．永末書店，京都，2008.

19.-（1）ウィンタースポーツ　スキー・スノーボード
1) フランソア・フォルタン（編著），室星隆吾（監訳）：図解スポーツ大百科．悠書館，東京，2006.
2) Gassner R, et al.: Incidence of oral maxillofacial skiing injuries due to different injury mechanisms. J Oral Maxillofac Surg 57: 1068-1073, 1999.
3) Gassner R, et al.: Traumatic dental injuries and alpine skiing. Endod Dent Traumatol 16: 122-127, 2000.
4) Tuli T, et al.: Facial trauma: how dangerous are skiing and snowboarding? J Oral Maxillofac Surg 68: 293-299, 2010.

19.-（2）フリースタイル
1) Engebretsen L, et al.: Sports injuries and illnesses during the Winter Olympic Games 2010. Br J Sports Med 44：772-780，2010.
2) 増田一生ら：フリースタイル・モーグル選手へのマウスガード作製とアンケート調査．スポーツ歯学11：71-77，2008.
3) Steenstrup SE, et al.: Head injuries among FIS World Cup alpine and freestyle skiers and snowboarders: a 7-year cohort study. Br J Sports Med 48:41-45, 2014.
4) 大野浩之ら：モーグル競技における外傷およびマウスガードに関するアンケート調査．スポーツ歯学11：141-142，2008.
5) 増田一生：フリー・スタイルスキー・モーグル選手の下顎骨骨折治療とカスタムメイドマウスガードの製作．スポーツ歯学15：25-26，2011.
6) 柄澤健介ら：歯科的事項とマウスガードに関するアンケート ―2009年FISフリースタイルスキー世界選手権猪苗代大会―．スポーツ歯学13：128-129，2010.

19.-（3）スケート
1) フランソア・フォルタン（編著），室星隆吾（監訳）：図解スポーツ大百科．悠書館，東京，2006.
2) 北川七也：スピードスケート競技におけるスポーツ障害 とくに腰部障害と身体特性について．東邦医学会誌42：544-555，1996.
3) 桜庭景植：ウインタースポーツ外傷・障害の特徴―スキー，スノーボード，スキーボード外傷，スピードスケート障害を中心に―．医道の日本69（12）：26-32，2010.
4) 国際スケート連盟：スピードスケートおよびショートトラック競技規則．http://isuprod.blob.core.windows.net/media/79159/2012_specialregulations_technicalrules_speedskating_shorttrackspeedskating.pdf
5) 日本スケート連盟：ショートトラック競技のルール．http://skatingjapan.or.jp/short/rule.html

19.-（4）リュージュ
1) 国際リュージュ連盟：競技規則．http://www.fil-luge.org/index.php?id=386
2) 森　修二ら：リュージュ競技におけるスポーツ歯科的アプローチ．スポーツ歯学7：18-26，2004.

19.-（5）スケルトン
1) 国際ボブスレー＆スケルトン連盟．http://www.fibt.com
2) 日本ボブスレー・リュージュ・スケルトン連盟．http://www.jblsf.jp

20. テニス
1) 上野俊明，豊島由佳子：スポーツに関連する歯科的健康管理．安井利一，杉山義祥（編），スポーツ歯科入門ハンドブック．P17-28，医学情報社，2009.
2) 日本スポーツ振興センター学校安全部：学校の管理下の死亡・障害事例と事故防止の留意点＜平成18年度版＞．2007.
3) 日本スポーツ振興センター学校安全部：学校の管理下の死亡・障害事例と事故防止の留意点＜平成22年度版＞．2013.
4) 田辺麻衣ら：ジュニアテニスプレーヤーとその保護者および指導者の口腔衛生に関する意識行動調査，スポーツ歯学16：49-55，2013.
5) 上野俊明ら：競技者のデンタルコンディショニングに関する研究―適切な水分補給によるカリエスコントロール．日本オリンピック委員会／日本コカ・コーラ　スポーツ科学基金（アクエリアス基金）2008年度研究報告書，78-84，2009.
6) 上野俊明ら：運動負荷に伴う唾液分泌機能低下現象に対する水分補給の効果．スポーツ歯学15：53-60，2012.
7) Tanabe M, et al：Effects of rehydration and food consumption on salivary flow, pH and buffering capacity in young adult volunteers during ergometer exercise. J Int Soc Sports Nutri 10: 49, 2013.

21. バドミントン
1) 坂東陽月：バドミントンのオーバーヘッドショットの正確性と咬合状態の関係．スポーツ歯学，13:29-36，2009.

22. トランポリン
1) フランソア・フォルタン（編著），室星隆吾（監訳）：図解スポーツ大百科．悠書館，東京，2006.

23. ゴルフ
1) 佐藤文宏：ゴルフスイングに及ぼす噛みしめの影響．鶴見歯学29：269-279，2003．
2) 上野俊明，大山喬史：どうして踏ん張るときに歯を噛みしめるのだろうか？ 森本俊文（監修），口腔の生理からどうして？を解く，p56-59．デンタルダイヤモンド社，東京，2007．
3) 石上恵一ら：競技中の噛みしめによる咬合負担の軽減のためのスプリント使用効果；女子プロゴルファーのケース．スポーツ歯学17：48-52，2014．
4) 五十嵐一誠ら：ハイブラーによるスプリント使用が一女子プロゴルファーの成績に与えた影響．スポーツ歯学8：103，2005．
5) 松本　勝ら：マウスガードがプロゴルフ競技者に及ぼす影響について．日臨スポ医学誌18：S163，2010．
6) 松本　勝ら：マウスガードがゴルフ競技に及ぼす影響について．スポーツ歯学14：107-108，2011．
7) 松本　勝ら：マウスガードがゴルフ競技に及ぼす影響について・第2報：動画による比較．スポーツ歯学15：93，2012
8) 松本　勝ら：本学ゴルフ部学生とスポーツマウスガード；運動能力に与える影響について．スポーツ歯学11：161，2008．

24. ラクロス
1) フランソア・フォルタン（編著），室星隆吾（監訳）：図解スポーツ大百科．悠書館，東京，2006．
2) 竹内正敏：コンタクトスポーツにおけるマウスガード - その効用を考える；ラクロス．日臨スポ医学誌12：181-184，2004．
3) 竹内正敏：ラクロス競技へのカスタムメイドマウスガード普及の取り組み．スポーツ歯学5：49-52，2002．

25. モータースポーツ
1) 日本モーターサイクルスポーツ協会ホームページ：http://www.mfj.or.jp/
2) 竹内 正敏ら：モトクロス競技へのデンタルサポート．スポーツ歯学7：65-70，2004．
3) 鈴木 浩司ら：ヤマハ発動機株式会社レースチームに対する歯科的サポート活動．スポーツ歯学9：46-50，2006．
4) 野見山 和貴ら：モータースポーツ競技選手を対象とした実態調査．スポーツ歯学15：94-95，2012．

26. 自転車競技
1) フランソア・フォルタン（編著），室星隆吾（監訳）：図解スポーツ大百科．悠書館，東京，2006．
2) 竹内 正敏ら：モトクロス競技へのデンタルサポート．スポーツ歯学7：65-70，2004．

27. カバディ
1) 日本カバディ協会HP：http://www.jaka.jp/

28. 近代五種
1) 石上恵一，武田友孝：咬合と身体平衡機能．臨床スポーツ医学16（12）：1411～1416，1999．

29.-（1）障害者スポーツ　脳性麻痺サッカー
1) 鈴木浩司ら：脳性麻痺サッカー選手への歯科的サポート活動 - 歯科検診と口腔に関する意識調査について．スポーツ歯学15：53-59，2011．
2) Suzuki H, et al：Influence of the Custom-made mouthguard wearing for cerebral palsy soccer athlete on masticatory muscle activity during center of gravity fluctuation. Int J Sports Dent 5：13-20，2012.

29.-（2）車椅子バスケットボール
1) 佐々木幸生ら：四国車いすバスケットボールリーグ選手の歯科保健と外傷に関するアンケート調査．スポーツ歯学11：58-63，2008．

30.国民体育大会
1) 西脇 孝彦ら：ぎふ清流国体・ぎふ清流大会デンタルサポート事業について／第1報：リハーサル大会年度を終えて（中間報告）．スポーツ歯学16：87-88，2013．
2) 西脇 孝彦ら：ぎふ清流国体・ぎふ清流大会デンタルサポート事業について／第2報：本大会を終えて　中間報告．スポーツ歯学17：108，2014．

31.スペシャルオリンピックス
1) スペシャルオリンピックス日本：http://www.son.or.jp/
2) 鈴木 浩司ら：スペシャルオリンピックス日本冬季ナショナルゲーム長野における歯科的サポート活動―特にフロアホッケーアスリートに作製したカスタムメイドマウスガードについて．スポーツ歯学8：57-63，2005．
3) 齊藤 裕太ら：スペシャルオリンピックス日本第4回冬季ナショナルゲーム山形における歯科的サポート活動．スポーツ歯学12：118-119，2009．

6章　フェイスガード

1. フェイスガード(FG)とは

●スポーツによる顎顔面外傷事故から安全かつ早期に競技復帰するための患部保護装置

　フェイスガード(以下文中はFGと略)は，スポーツによる顎顔面外傷事故から安全かつ早期に競技復帰するための患部保護装置であり[1-8]，フェイスプロテクタface protector，フェイスシールドface shield，フェイスマスクface maskとも呼ばれるが，マウスガードと同様，最近，FGが好んで用いられる．

　FGの歴史はまだ浅く，イングランドのサッカー選手Paul Gascoigne氏が1993年4月28日に行われたワールドカップ予選の対オランダ戦でJan Wouters氏との接触により頬骨を骨折したために装用したのが初例と思われる[9]．その後，2002年開催の日韓サッカーワールドカップにて，鼻骨を骨折した日本代表の宮本恒靖氏がFGを着けて活躍したことが契機となり，急速に需要が高まっている[10]．したがって，アスリートサイドの早期復帰への要求と医療従事者サイドの安全確保への配慮を両立するべく編み出された比較的新しいメディカル・ギアの一つといえる[11]．

現在，ルールでFG着用が許可されるのはサッカーとバスケットボールであり(**表1**)[12,13]，その他の種目(大会)ではケース・バイ・ケースの対応となる．いずれにせよ，実際の適用にあたっては，試合前に審判の許可および相手チームへの了解を得ることが必要である．

表1 FG着用に関するルール

競技	規則
サッカー	FIFA国際競技規則・競技規則の解釈と審判員のためのガイドライン 第4条　競技者の用具(その他の用具)： 「競技者は，身体を保護するだけの目的のもので，かつ，自らを，また他の競技者を傷つけないものであれば，基本的な用具以外の用具を用いることができる．基本的な用具以外の用具または衣服はすべて主審によって検査され，危険ではないと判断されていなければならない．ヘッドギア，フェイスマスク，また膝や腕のプロテクターなど最新の保護用具は柔らかく，軽いパッドが入ったものでできており危険であるとみなされないので，身につけることができる．…(中略)…衣服や用具が試合の始まるときに検査され危険でないと判断されたが，試合中に危険になる，または危険な方法で使用された場合，その後の使用は認められない．」
バスケットボール	FIBA国際競技規則2012 第4条第4項　その他の用具： 次のものは装用が許可される． ・外傷を受けた鼻を守るためのプロテクター(硬質材でも可)，ほか(省略)

＜FGの具備要件＞

FGに求められる要件として，以下の事項が挙げられる[10,14]．

- 顎顔面にフィットし，十分な患部保護能力を有する
- 対戦相手を傷つけない
- 視野を妨げず，パフォーマンスを障害しない
- 十分な強度と耐久性を有する

2. FG製作の準備

1）診査・診断・前処置

　FGを製作提供する上で，競技特性（種目，ポジションおよび競技レベル），受傷歴（受傷日時，部位，受診機関および治療内容），そして復帰時期（目途，復帰レベル）を確認する．次いで，患部の診査を行う．あらかじめ紹介医（担当医）に連絡し，オペ記録や患部エックス線写真やCT画像を入手することが望ましい．患部の腫脹や疼痛症状の有無，また切開線やプレート固定の範囲，さらにFGの支持を求める部位を診断し，それらの情報に基づいて，FG設計および患部リリーフの必要性とその量を決定する．

　顎顔面外傷事故では，しばしば口腔外傷や顎関節障害も併発する．例えそうでなくても，う蝕や智歯周囲炎等の歯科疾患を有している競技者も少なくないので，パノラマエックス線検査およびデンタルチェックも必ず実施する．その結果に基づき，FGの治療計画と照らし合わせて，口腔外傷や歯科的問題に対する前処置の必要性を診断する．併せてMG（マウスガード）の製作提供の必要性についても診断する．

　復帰時期に関しては，まず紹介医（担当医）の復帰許可が下りていることが前提となる．その上で，選手本人とともに，チーム関係者および保護者とカウンセリングを行って，早期復帰と安全復帰のバランスを考えて，適切にマネージメントする必要がある．

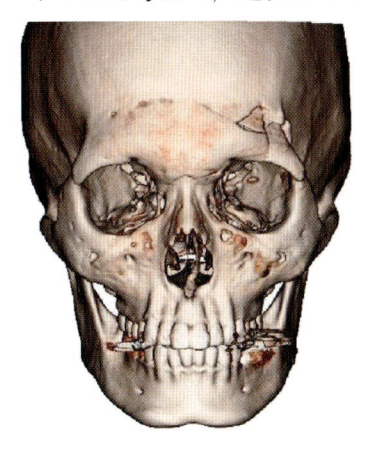

エックス線CT画像（サッカー，男性22歳　前頭骨骨折例）

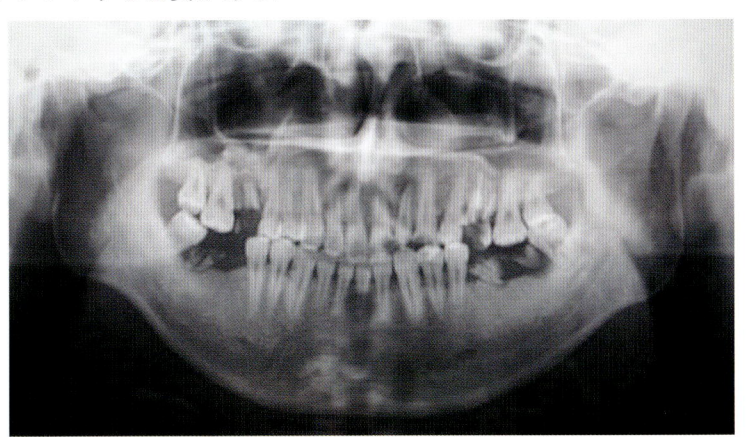

パノラマエックス線写真（サッカー，男性24歳，鼻骨骨折例）

2）印象採得

　印象採得に先立ち，シャワーキャップ等による頭髪保護，眉毛や髭へのワセリン塗布，鼻孔および外耳孔へのワッテ挿入を行う．なお顔面全体を印象採得する必要がある場合，ストロー等を利用して呼吸路を確保する．

　前準備が終了したら，水平仰臥位にて顔面印象採得を行う．メーカー指定混水比20〜30％増で練和した歯科用アルジネート印象材を顔面上に5〜10mm厚程度で流し拡げ，ワッテ等を噛ませた上で，混水比50％増で練和した歯科用速硬性石膏（キサンタノ®，ヘレウスクルツアージャパン株式会社）で全体を被覆して，完全硬化を待つ．なお両外耳はフェイスガードの設計および技工操作時の解剖学的指標となるので，印象採得の範囲に含めることが望ましい．

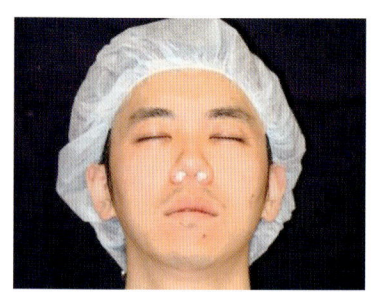

前準備

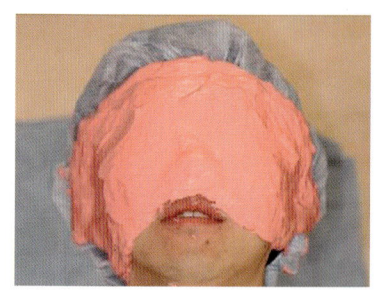

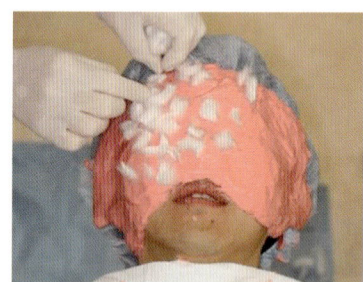

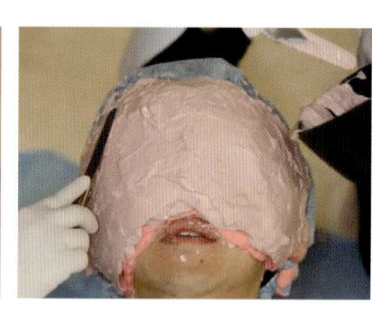

印象採得（左：アルジネート印象材，中央：ワッテ，右：速硬性石膏）

3）作業模型製作

　印象採得後は速やかに超硬石膏を注入して作業模型を製作する．顔面正中部はコアシート材の圧接成形時などに応力が集中しやすいため，辺縁部よりも模型の厚さを確保する．

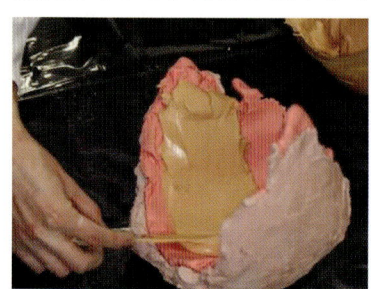

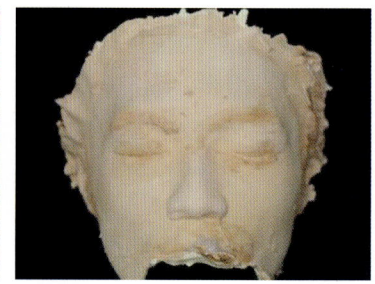

超硬質石膏注入　　　　作業模型

3. FG設計の要点

[外形]

　FGの設計の基本パターンは，①アイマスク（バットマンあるいはバタフライ）タイプ，②変形アイマスクタイプ，および③チンキャップタイプの3つであり，それぞれ鼻骨・眼窩・前頭骨骨折用，頬骨・側頭骨・上顎骨骨折用および下顎骨骨折用である．いずれも患部以外の鼻骨，上顎骨，頬骨，側頭骨および前頭骨に支持を求めるが，下顎骨骨折症例の場合のみ，支持も下顎骨に求める．

＜フェイスガード支持域＞
患部を除く鼻骨，上顎骨，頬骨，側頭骨，前頭骨に求める。

＜アイマスクタイプ＞
受傷直後で鼻尖部にも圧痛が残存する場合は，鼻尖部まで被覆

＜変形アイマスクタイプ＞
受傷部のみ被覆部位を広げた，変形アイマスク形状

＜チンキャップタイプ＞
下顎骨全体を被覆するが，発声や呼吸を考慮し，口唇周囲は開放

[構造]

　硬質のコア材だけでは，保護能力および安全性の両面から推奨されない．過去研究[15]から，硬質のコア材と軟質の衝撃吸収材を組み合わせた多層構造にすることの有用性が示唆されているので，少なくとも外層コア材に内層クッション材の二層構造，できればコア材の内・外層をクッション材で挟む三層(サンドイッチ)構造にすることが望ましい．

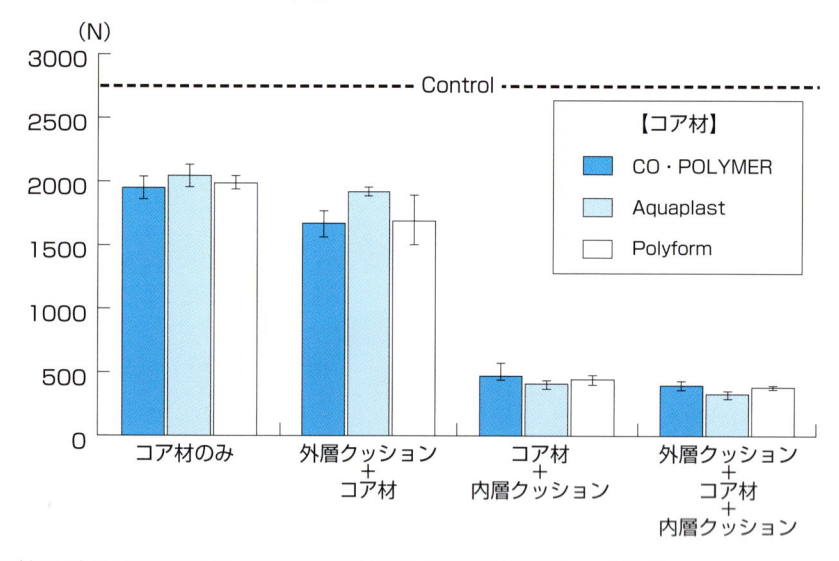

FG材の組合せと構造の違いによる衝撃吸収能の変化（文献15より引用・一部改変）
(コントロールはFG材なしでの加撃(約2,700N)である．同一アルファベットが付されたFG構造間には統計学的有意差がないことを示す)

[患部リリーフ]

　有害衝撃力が患部に直接伝達しないよう，患部とFG間にスペースを確保する必要があり，適切かつ十分なリリーフ処理を行う．一般的には，作業模型上で技工用シリコーンパテ等にて患部をあらかじめリリーフ処理を施す(模型上リリーフ法)．骨折の重傷度や処置・治療内容等によっても前後するが，リリーフ量の目安は5mmである．軽微な骨折の場合には，患部相当の内層クッション材をくり抜く方法もある(内層クッション材くり抜き法)．

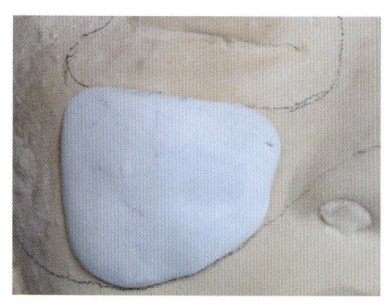

模型上リリーフ法 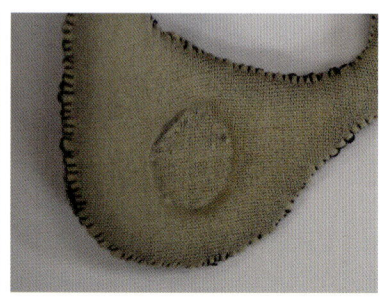　　　　クッション材くり抜き法

4. FGの製作法

[コア材の熱成形]

コア材には，アクアプラスト・シリーズ（Patterson Medical社，USA）を採用している．これは整形外科・リハビリテーション領域で用いられるスプリント装具用シートであり，70〜80℃の温湯で軟化でき，手指圧で容易に成形可能であり，失敗しても再加熱することで，再成形および追加修正が容易にできる点に優れる．

現在，FG専用コア材として市販されているものはない．これまでもポリカーボネート，トレカ織物プリプレグ，プレキシガラス，繊維強化プラスチック（FRP），コ・ポリマー等を使用した臨床報告が散見されるが[1,2,5,7,19]，いずれもその加工には高温加熱成形器の機材設備が必要である．また実際の症例では，フィッティングの結果あるいは患部の治癒進行に合わせて，随時形態修正や調整が必要となるが，FRP等は再加工困難な場合が多い．そこで操作性を重視して，低温熱可塑性プラスチックを第一選択としている[4,6,8,20,21]．

実際の手順は，70〜80℃のウオーターバス中にスプリント材を浸漬し，軟化を待つ．至適状態に達すると，シート材の色調が透明に変化するので，透明になったらバスから取り出し，手早く模型上に広げて，手指圧成形を行う．成形終了後，コア材がまだ半透明状態のうちに，油性ペンにて模型上の設計線を転記し，自然放冷にて硬化を待つ．

温湯軟化 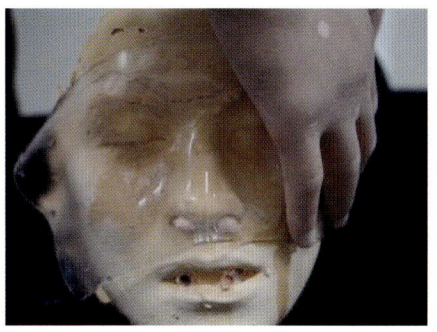　　　　　　　　　　手指圧成形 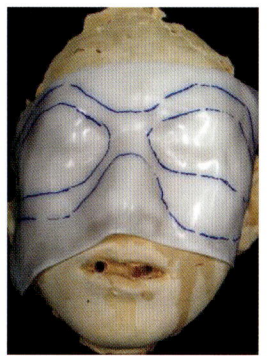　　　　　　　　　　設計線転記

[クッション材の付与]

クッション材には，ネオプレンシート（Patterson Medical社，USA）を採用している．FGの衝撃吸収能はコア材よりクッション材に依るところが大きいが，同材はスポンジゴムで優れた衝撃吸収能を有するだけでなく，片面に起毛加工が施され，もう片面には布加工が施されており，FG装着時の皮膚感覚が優しく，皮膚炎等のトラブルが起きにくい点で優れる．

FG内面へのクッション材の付与は必須であるが，外表面への付与はルールや症例に応じて適宜対応する．

加工の手順は，内面用については，成形済みコア材と作業模型の間にクッション材を敷いて，約5mm余裕を持たせた外形線を転記して裁断する．コア材の被着面にシアノアクリレート系接着剤（ゼリータイプ）を塗布し，クッション材を接着し，必要に応じて余剰部をトリミングする．外表面もクッション材を付与する場合，コア材辺縁が露出しないように，内面クッション材と縫合する必要がある．その糊しろ（縫合しろ）分として，コア材よりも約10mm大きめに外形設定して切断する．

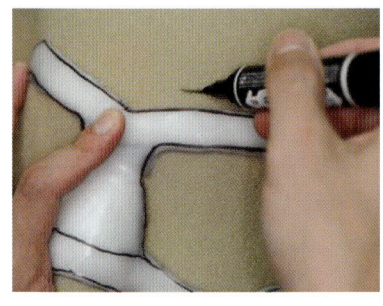

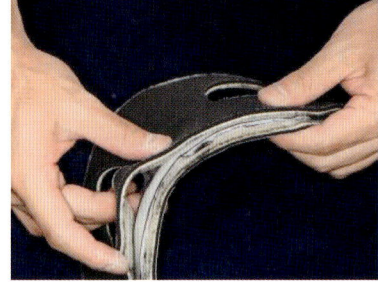

外形線記入・切り抜き　　　接着加工　　　辺縁縫合

[ストラップ加工]

　ストラップには面ファスナー（ベルクロあるいはマジックテープ）伸縮性ゴムを使用している．FG外表面の四隅にフック（オス）を設置加工して，ループ（メス）付き伸縮性ゴム2本をパラレルあるいはクロス巻きで頭部固定する．

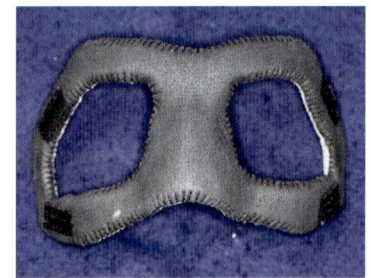

面ファスナー伸縮性ゴム　　フック（オス）加工

[フィッティング・完成]

　フィッティングでは，ストラップゴムの巻き付け強度を変化させながら，装着感，圧迫感および視野狭窄感等を確認する．実際には，顔面表情筋を動かしたり，頭部回旋運動をしたり，あるいはFG外面から圧迫衝撃を与えたりして，患部の痛みやFGのズレが生じないように仕上げる．最後に，着脱練習および取扱い説明・指導を行って，完成とする．

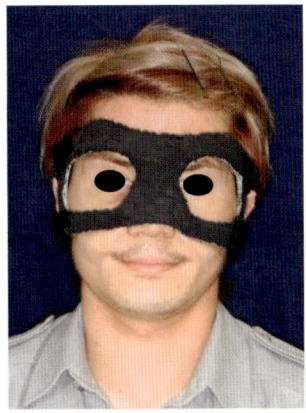

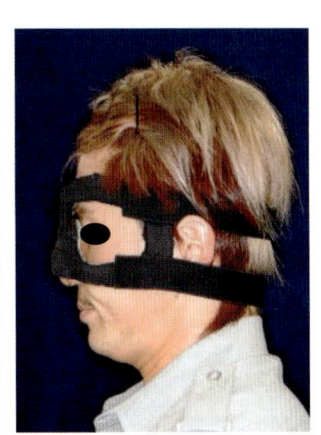

FG装着（鼻骨骨折症例，サッカー，男子23歳）

[修正・調整]

　FGを使用開始後に，受傷部の治癒状況やプレーへの影響を考慮して，必要に応じて調整・修理を行う．

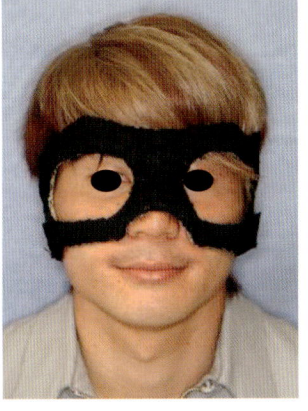

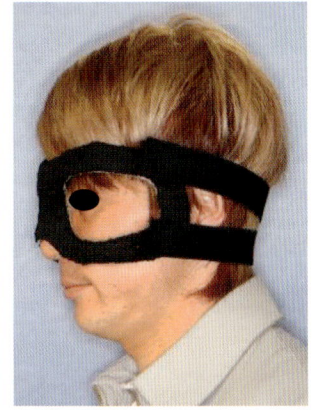

FG調整（FG使用から1週後，鼻尖部圧痛が消失したので開放）

5. 症 例

1）鼻骨骨折

患　者：バスケットボール（男性　31歳）
形　状：アイマスクタイプ
構　造：二層式（外層コア材＋内層クッション材）

　プロバスケットボールのリーグ公式戦中，相手選手との接触により，鼻骨を骨折した。受傷2日に非観血的整復術が施行され，その翌日にフェイスガード製作のため紹介来院した．患部を触診した結果，鼻尖周囲に疼痛所見が認められないことから，鼻尖部開放型のアイマスクタイプで対応することにした．患部のリリーフは作業模型上で技工用シリコーンパテにて5mm厚とした。またバスケットボールの競技ルールでは硬質FGの着用が認められているため，内面のみクッション材を付与し，そのクッション材も部分的に設置して，できるだけ軽量化を図った．視野の狭窄感についても外側をできりだけくり抜くことで対応した．

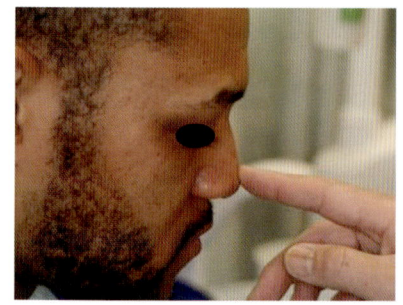

患部触診

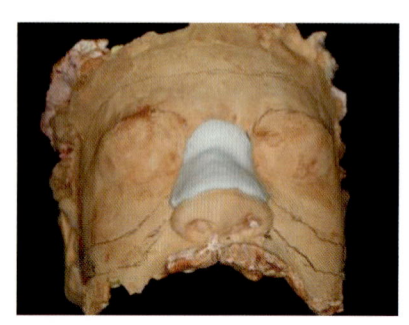

設計線およびリリーフ処理

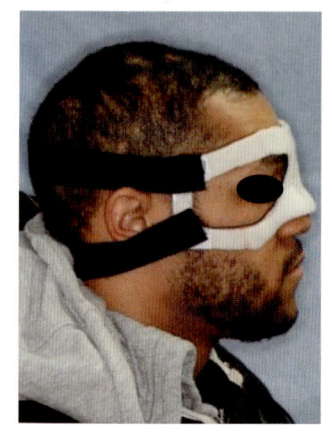

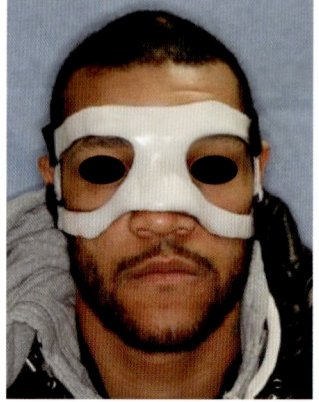

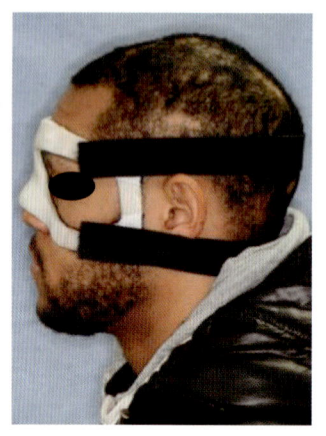

完成FG

⇒鼻骨骨折症例では，鼻尖部の圧痛所見の有無を診査する．疼痛があれば，鼻尖部まで完全被覆し，なければ開放する．治癒に合わせて，患部のリリーフ量と鼻尖部の被覆量を調整する．

2）上顎骨・頬骨複合骨折

　　　　患　者：サッカー（男性　16歳）
　　　　形　状：変形アイマスクタイプ
　　　　構　造：三層式（外層クッション材＋中間層コア材＋内層クッション材）

　所属高校サッカー部（ポジション：ゴールキーパー）での練習中，相手選手の足と接触して，右側頬部を強打した．右側上顎骨頬骨複合骨折（Knight & North ClassⅢ）の診断下で，上顎骨および頬骨の偏位とそれに伴う眼球の上転障害を認めたため，全身麻酔下にて観血的整復固定術を施行した症例である（入院2週間）．退院から1週間で，患者が早期復帰を希望したため，FG着用を条件に，復帰を許可した．プリンターにて構築した3次元実体モデルを用いた．

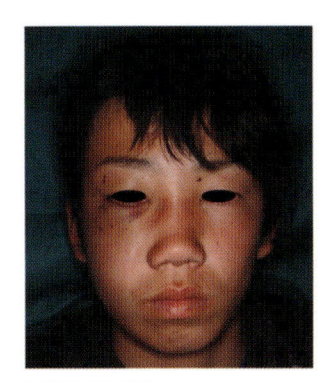

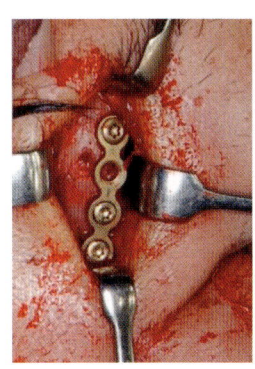

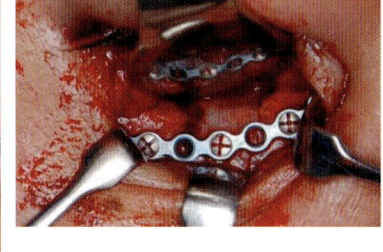

初診時（正面観）　　　　術中写真（左：頬骨前頭縫合部，右：眼窩底部）

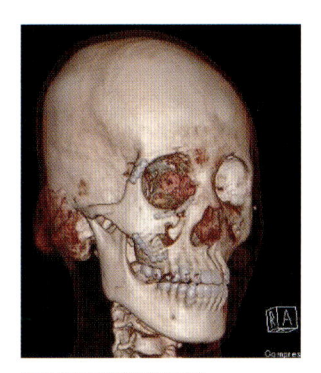

3D-CT画像（術後2週） 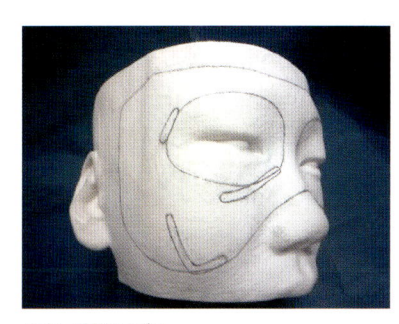　　3次元実体モデル 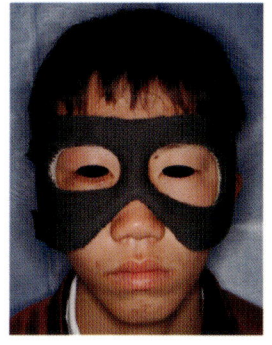　　完成FG

⇒手術症例では，骨折部だけでなく，プレート固定部（切開部も含む）も被覆する．また患部全体を圧迫しないように，十分リリーフ処理を行う．ヘディング時のズレを防ぐために，前額部はできる限り開放する．

3）下顎骨骨折

　　　　患　者：ラグビー（男性　22歳）
　　　　形　状：チンキャップタイプ
　　　　構　造：三層式（外層クッション材＋中間層コア材＋内層クッション材）

　大学リーグ公式戦で，左側顔面部にタックルを受けて，左側下顎角部を骨折した症例である．近病院口腔外科にて，観血的整復固定術および骨折線に含まれる埋伏智歯抜去術を受けた後，紹介来院した．入れ替え戦を控えており，できるだけ早期に復帰したい状況であった．オペ後の経過は良好であり，患部の自発痛および圧痛もなく，開口障害も認められなかった．チンキャップタイプのFGで，かつ安全性を最大限確保するため，三層構造とした．チンキャップタイプのFGは通常の伸縮性ゴム2本で固定しても，維持力を確保しにくく，プレー中の発声や呼吸，あるいは頭部の動き等に伴ってズレが生じるので，ヘッドギアを利用することにした．本症例は幸いヘッドギアを愛用する選手であったため，あらかじめ持参してもらい，それに合わせて頭部固定を図る工夫を凝らした．国際ラグビー評議会（IRB）競技規則では，FGに対する規定はないが，「傷を覆うための包帯・着用物」の追加着用は認められている[22]．現状ではケース・バイ・ケースのサポートとなり，公式戦では着用が許可されない場合もある．

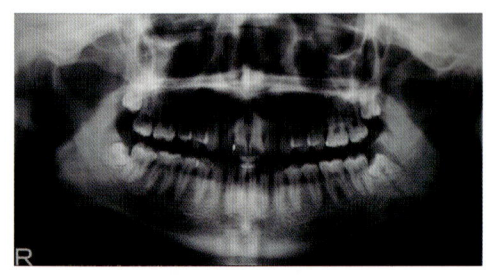

受傷時エックス線写真（左側下顎角部骨折）

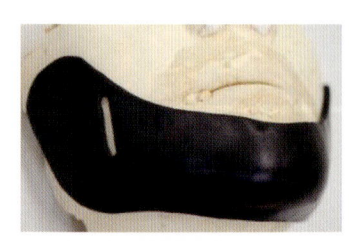

コア材成形・トリミング 　　　内・外クッション＆固定ゴム 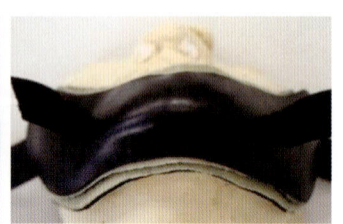　　　クッション接着・ゴム加工

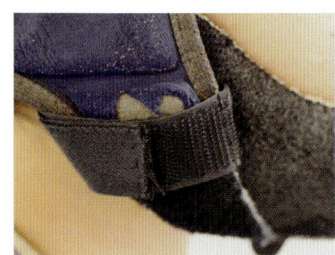

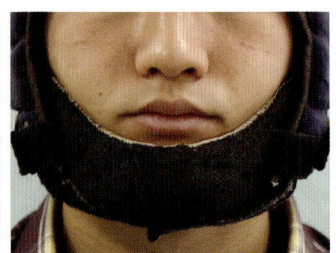

完成フェイスガード

> ⇒チンキャップタイプのフェイスガードはヘッドギアを利用して頭部固定するので，あらかじめ持参してもらうようにする．持っていない場合は，購入してもらう．

6章 参考文献

1) Kaplan S, et al.: Fabrication of a facial shield to prevent facial injuries during sporting events: A clinical report. J Prosthet Dent 84:387-389, 2000.

2) 織家 茂ら：プロのサッカー選手を下顎骨骨折後，早期に実戦復帰させた治療経験．スポーツ歯学4：28-31, 2001.

3) 中禮 宏ら：ラグビー選手を下顎骨骨折後，早期に実戦復帰させたフェイスガードの製作経験．スポーツ歯学 10：64, 2006.

4) Morita R, et al.: Facial protection masks after fracture treatment of the nasal bone to prevent re-injury in contact sports. J Craniofac Surg 18：143-145, 2007.

5) Cascone P, et al.: Security hi-tech individual extra-light device mask: a new protection for [soccer] players. J Craniofac Surg 19:772-776, 2008.

6) 上田順宏ら：下顎骨骨折にて経過観察中のラグビー選手に対するフェイスガードの作製経験．スポーツ歯学 13：23-28, 2009.

7) Procacci P, et al.: Soccer-related facial fractures: postoperative management with facial protective shields. J Craniofac Surg 20:15-20, 2009.

8) 藤野祥子ら：頬骨と眼窩を複雑骨折したサッカー選手に製作提供したカスタムフェイスガードの一例．スポーツ歯学13：108-113, 2010.

9) Ciaran Kelly: Backpagefootball- What could have been: Gazza's three seasons at Lazio (April 3rd, 2012). http://backpagefootball.com/what-could-have-been-gazza%E2%80%99s-three-seasons-at-lazio/36437/

10) 森川嗣夫：シリーズスポーツ医学―復活への治療―第5回サッカー（フェイスガードで復活した選手の軌跡）．Arthritis―運動器疾患と炎症―2：136－140, 2004.

11) 上野俊明：歯科．小出清一ら（編），スポーツ指導者のためのスポーツ医学（改訂第2版），南江堂，東京，p237-241, 2009.

12) 日本サッカー協会：競技規則の解釈と審判員のためのガイドライン．http://www.jfa.jp/documents/pdf/soccer/gudelines_11_2013.pdf

13) 国際バスケットボール連盟：Official Basketball Rules 2014. http://www.fiba.com/downloads/Rules/2014/Official_Basketball_Rules_2014_Y.pdf

14) 田中寿一：スポーツと防具：サッカー選手のフェイスガードについて．整形外科の立場から．臨床スポーツ医学21：415－421, 2004.

15) 中禮 宏ら：顎顔面領域の防具フェイスガード製作材料の基礎的物性評価(第1報)；衝撃吸収能力．スポーツ歯学 11：90-95, 2008.

19) 西野誠一ら：スポーツと防具：サッカー選手のフェイスガードについて．「鼻骨プロテクター」の製作．臨床スポーツ医学21：433－440, 2004.

20) 中禮 宏ら：鼻骨骨折症例に対するカスタムメイド・フェイスガード；視野検査の導入．日臨スポ医会誌15：S163, 2007.

21) Ueno T, et al.: Fabrication technique for custom faceguard with thermoforming material. Int J Sport Dent 1:67-71, 2008.

22) 日本ラグビーフットボール協会：IRB国際競技規則2013．http://www.rugby-japan.jp/laws/2013/img/IRB_Laws_2013_JA.pdf#search='IRB%E7%AB%B6%E6%8A%80%E8%A6%8F%E5%89%87'

■ 監修者・編者紹介 ■

大山 喬史（おおやま たかし）

略　歴

1966年	東京医科歯科大学（TMDU）歯学部　卒業
1966年	TMDU歯学部　助手（歯科補綴学）
1970年	鶴見大学歯学部　講師（歯科補綴学）
1971年	イリノイ大学留学
1974年	鶴見大学歯学部　助教授
1979年	TMDU歯学部　教授
	（顎顔面補綴学／スポーツ歯学）
1993年	TMDU歯学部付属病院長
1999年	TMDU歯学部　教授（歯科補綴学）
2003年	TMDU副学長
2005年	TMDU名誉教授
2008年	TMDU学長（2期6年）
2017年	鶴見大学学長

上野 俊明（うえの としあき）

略　歴

1991年	東京医科歯科大学（TMDU）歯学部　卒業
1995年	TMDU大学院　修了
1997年	TMDU歯学部　助手（顎顔面補綴学／スポーツ歯学）
2000年	TMDU大学院　助教授（スポーツ医歯学分野）
2001年	タフツ大学留学（文部科学省・長期在外研究員）
2005年	TMDU大学院　助教授（主任／分野長）
2007年	TMDU大学院　准教授（主任／分野長）

国立スポーツ科学センタースポーツクリニック
　非常勤医師（2002年〜）
北海道大学歯学部　非常勤講師（2009年〜）
日本体育協会スポーツ医科学専門委員会　委員（2009年〜）
日本歯科医師会スポーツ歯科委員会　副委員長（2013年〜）
日本スポーツ歯科医学会（JASD）理事
日本臨床スポーツ医学会　代議員
JASD　認定医／認定 マウスガード テクニカルインストラクター

実践 スポーツマウスガード

発　行　2014年7月10日　第1版第1刷
　　　　2019年5月20日　第1版第2刷
編　者　上野俊明
　　　　©IGAKU JOHO-SHA Ltd., 2014, Printed in Japan
発行者　若松明文
発行所　医学情報社
　　　　〒113-0033 東京都文京区本郷3-24-6-105
　　　　TEL 03-5684-6811　FAX 03-5684-6812
　　　　URL http://www.dentaltoday.co.jp

禁無断転載・複写　　ISBN978-4-903553-50-4